Obra poética completa
(1943-2003)

Letras Hispánicas

Rafael Morales

Obra poética completa (1943-2003)

Edición de José Paulino Ayuso

CÁTEDRA
LETRAS HISPÁNICAS

1.ª edición, 2004

Ilustración de cubierta: Talavera de la Reina. Puente sobre
el río Tajo. Archivo Anaya

Juan Ignacio Luca de Tena, 15. 28027 Madrid
Depósito legal: M. 13.966-2004
I.S.B.N.: 84-376-2146-1
Printed in Spain
Impreso en Lavel, S. A.
Humanes de Madrid (Madrid)

Índice

Introducción

Rafael Morales.

Todo es vida. Esbozo de una biografía

Al trazar el recorrido vital de un poeta español nacido en 1919, y públicamente reconocido en 1943, viene al recuerdo, de forma natural, la evocación de la Guerra Civil, que le afectó entre los diecisiete y los veinte años, y las duras condiciones de la posguerra, tanto por lo que atañe a su experiencia personal como a la influencia posible sobre la obra literaria, que arranca precisamente en esos momentos de convulsión y de represión. Es cierto que estas circunstancias fueron muy importantes para la concepción de la poesía de Rafael Morales y para el tono emocional que la hace alentar; pero alejemos inmediatamente la sombra de una juventud triste o dolorosa, para ver la realidad de un joven que sale a la vida con impulso, madura en un clima de sospecha y miedo, aunque también de amor y entusiasmo por la poesía, y se define como un poeta que quiso encontrar y recorrer un camino propio, acogido al magisterio y guía de la generación de los mayores.

Y antes que nada, en el origen está la familia[1]. Procedía, por línea materna, de agricultores acomodados, aunque ya muy reducidos en su fortuna («tengo padres oscuros», dice el poeta mucho después). El padre, Leandro Morales, dirigía un negocio de tejidos en Talavera de la Reina, llamado El Capricho; luego fue jefe de compras de unos grandes almacenes de tejidos y agente comercial. Vivían en una casa de dos pisos y con patio lleno de plantas, cuidadas por su madre —Juliana de las

[1] Hay una cronología minuciosa de su vida, hasta la fecha de la publicación, en *Rafael Morales. 50 años de poesía,* Talavera de la Reina, Excmo. Ayuntamiento, 1993.

Casas— en la plaza Cardenal Loaisa, número 1, si bien Rafael, que fue hijo único, había nacido en la calle Puente del Pópulo, que hoy lleva su nombre.

Talavera de la Reina, industrial, artesana y agrícola, es ciudad asentada a la orilla del Tajo, que Rafael Morales ha recreado desde el recuerdo de la infancia y de la adolescencia en algunos poemas, y que, desde la erudición literaria, ha propuesto como modelo posible de la imaginaria ciudad literaria de *La Celestina*, pues contiene todos los elementos urbanos que en ésta se mencionan[2].

Es muy positivo el recuerdo que guarda de su primer maestro, José Bárcena, un pedagogo moderno. Estudia en el Instituto y manifiesta ya sus aficiones literarias: funda a los quince años, con sus amigos González Gil, Niveiro y Camino, la revista *Rumbos* y compone sus primeros poemas (entre ellos uno que consideraba ultraísta y que era la descripción de la niebla que llegaba desde el río, imagen que vuelve luego en emocionada evocación), publica algunos de ellos y se forma leyendo una de las obligadas referencias generacionales: la *Antología* de Gerardo Diego de 1932. En el ámbito familiar son importantes también algunas figuras femeninas entrañables: su tía soltera Leandra, que vivía en la casa familiar y era tan madre para él como la propia; y «Yaya, la modista», a la que conocemos por el poema que le dedica.

Pero ya fuera de ese espacio central y vitalmente acogedor, se le impone la pronta experiencia del engaño y el conocimiento de la injusticia, aunque fuera sólo en la forma del abuso o expolio que sufre, por parte de otros niños mayores, de sus cromos y tapas de las cajas de cerillas, los juguetes habituales. Él mismo atribuye a este hecho (en verdad pequeño y cotidiano) un carácter decisivo de revelación que ya no se borraría. Por otra parte, asiste también al espectáculo de la crueldad del sacrificio de los corderos y todavía recuerda que el nombre del matarife era Gregorio. Es de nuevo la impresión elemental, pero de gran repercusión emotiva, de la inocencia sa-

---

[2] Véase el trabajo más reciente: Rafael Morales, «Talavera de la Reina, imaginado escenario de *La Celestina*», *Nerva*, número especial, marzo, 2001 [separata], que reelabora otro anterior.

crificada, que irá adquiriendo en su obra una proyección universal. Esa dualidad marca una doble dimensión en su personalidad juvenil que, sin embargo, muestra más bien un carácter emprendedor en un muchacho alto y atlético.

En junio de 1936 llegó a Madrid para preparar su ingreso en la Universidad. Comenzada la Guerra Civil, el joven poeta quedó separado de su familia y vivió en la calle Zorrilla, número 10, en casa de una prima de su padre. El marido de ésta era taxidermista y tenía varias cabezas de toro expuestas en su taller, que se podían ver desde la calle. Incluso en la habitación de Rafael estaba colgada una de ellas, que había pertenecido a un toro lidiado en Madrid por un torero famoso. En aquel tiempo, y tal vez influido por otro familiar, primo de su madre, que fue gobernador civil, Rafael simpatizaba con Izquierda Republicana y se sentía atraído por la vida política a la par que por los estudios de Letras, que esperaba empezar en octubre de 1936.

La Guerra Civil truncó de forma radical esos planes. Rafael Morales siguió en Madrid, afecto a su ideal republicano pero alejado de los grupos políticos particulares, lo que no le impidió pertenecer a la Alianza de Intelectuales Antifascistas, de la que era el afiliado más joven, y publicar poemas en *El mono azul*. Ya militarizado, fue ordenanza del general gobernador de Madrid, que era entonces el general Martínez Cabrera. Y en ese Madrid asediado, «rompeolas de todas las Españas», se relacionó con escritores de la talla de Pablo Neruda, Rafael Alberti, Vicente Aleixandre (quien le dedica uno de sus «encuentros») y Miguel Hernández, más próximo en edad y a quien le unía una gran amistad. Dos detalles de la realidad cotidiana de este tiempo son particularmente recordables para él. Uno es la necesidad material y el hambre, en lo que no resulta precisamente una excepción; otro es el sentimiento de angustia y de compasión por los registros y las terribles detenciones nocturnas, que oía desde su habitación, en el piso bajo de la citada calle Zorrilla.

Terminó la contienda. Su nula participación efectiva en la guerra, su adscripción católica y la influencia de su gran amigo Emilio Niveiro, falangista y dueño de una fábrica de cerámica, permitieron que pudiera regresar sin mayores problemas a Talavera, lo que hizo en un camión lleno de legionarios, por lo que tuvo que romper su ejemplar dedicado de *Viento del pueblo,* de Miguel Hernández. Durante los meses de su prudente retiro en la casa familiar comenzó —y prácticamente concluyó— la primera versión de *Poemas del toro.* Él mismo fecha el inicio de su trabajo (en el que siempre ha sido el primer poema) el primero de agosto de 1940, día siguiente al de su veintiún cumpleaños. Y allí conoció, según confesión propia, ya avanzada la tarea, el libro de Miguel Hernández *El rayo que no cesa,* que le prestó su amigo Niveiro. Y fue entonces cuando escribió el soneto que aparece encabezado por una cita de Miguel Hernández, epígrafe que —el mismo poeta ha explicado en qué circunstancias— desapareció en las primeras ediciones del libro[3].

Es importante resaltar también la amistad que le unió a Vicente Aleixandre durante la guerra y tiempos posteriores, cuando Rafael Morales volvió a Madrid para estudiar en la Universidad. Es en este momento cuando completa y da a conocer, mediante lecturas y un avance en la revista *Escorial,* sus *Poemas del toro,* que publica como primer volumen de la Colección Adonais, en 1943. Si el año de nacimiento de Rafael Morales coincide con el de José Luis Hidalgo y con el de Vicente Gaos, es comprensible que la coincidencia se extienda a la fecha de publicación de las primeras obras y a las características que les definen como genuinos poetas de la primera generación de posguerra.

Mientras estudia, vive en las cotidianas pensiones de posguerra y establece sus relaciones dentro de los círculos literarios de la capital. Sus amigos son entonces poetas consagrados, como Gerardo Diego, y otros nuevos, entre ellos García Nieto. Morales, sin embargo, se distancia de «Juventud Creadora» hasta colocarse en los antípodas de su poética. Pero eso

---

[3] La más reciente explicación está en *Por aquí pasó un hombre. Antología poética,* Madrid, Comunidad de Madrid, 1999, pág. 21, nota 8. En resumen, la primera publicación, en la revista *Escorial,* prescindió del epígrafe, que Morales había incluido de su puño y letra como homenaje al poeta amigo. Siguió así, en sucesivas ediciones, hasta que en 1952 pudo recuperar el verso hernandiano. Menciona también este hecho, aunque sin explicación precisa, en la edición de *Poemas del toro* de Ediciones La Palma (Madrid, 1993), pág. 23.

no obsta a las buenas relaciones personales y a que incluya algunos de sus poemas «neorrománticos» en las páginas de *Garcilaso,* ya que los medios para publicar no eran precisamente abundantes. Otros amigos suyos de entonces son Gaos, Nora, Hierro e Hidalgo; y, algo más tarde, pero muy entrañablemente, Blas de Otero. Desde esos años iniciales, Rafael Morales será adicto a las tertulias literarias —costumbre que mantiene hasta la actualidad— en la doble modalidad de reuniones libres de escritores (ha asistido siempre al Café Gijón) y de lecturas poéticas y reuniones organizadas por revistas o por instituciones (Ateneo de Madrid, Cultura Hispánica, etc).

Al concluir sus estudios pasó unos meses en Coimbra, becado por el gobierno portugués, lo que le dio ocasión de realizar la primera traducción al castellano de poemas de Fernando Pessoa, que aparecieron publicados en una página doble del semanario *El Español,* junto a los de otros grandes poetas portugueses contemporáneos, entre ellos Torga, Régio, Casais Monteiro. En 1946 —y ya regresado a Talavera— publica su segundo libro, *El corazón y la tierra;* y en 1947 el tercero, *Los desterrados.* Este mismo año se instala de nuevo (y definitivamente) en Madrid y comienza a trabajar como profesor en una institución privada en condiciones económicas y laborales precarias. Otro rasgo moral que marca al joven poeta en este tiempo es el temor a las sospechas acerca de su pasado político y a posibles delaciones, que le imponía una actitud de cautela, dada la inseguridad, jurídica y vital, tan expresivamente retratada por Cela, entonces contertulio en el Café Gijón, en su novela *La Colmena.* Al fin y al cabo, Morales había sido un vencido de la Guerra Civil y su situación se le mostraba aún incierta.

Se casa en 1948 y al año siguiente nace su hija Concha. Es éste para Rafael Morales un tiempo de esfuerzo. Su mujer, Conchita Barba, licenciada en Filología Románica y, más tarde, catedrática de Enseñanza Media, había nacido en Bilbao y por esa relación con la capital vizcaína y sus vacaciones cerca del mar Cantábrico le llega a Rafael la relación amistosa con Blas de Otero, quien ya se acerca a él como a un poeta reconocido.

Desde las experiencias infantiles, inmediatas, de engaño, abuso y crueldad, hasta ese clima, interiorizado por el poeta, de frialdad y escasez, sospecha y aun miedo —sentido y vivido como forma cotidiana de existencia—, todo contribuyó, muy verosímilmente, a crear el fondo emocional, tan presente en su obra, formado por un vitalismo espontáneo y natural, gozoso de contemplar la realidad en su belleza ofrecida, de sentir el amor en su entrañada humanidad; y por una atención compasiva, testimonial, que mira el fracaso humano, el deterioro de la fuerza o de la belleza, la caducidad inevitable. Es un contraste que le induce a un cierto pesimismo, a un patetismo expresivo del dolor que no se vuelca en la denuncia directa o en la reivindicación social, sino que atiende más bien a la intensidad y calidad de su dicción poética. Ése es el mismo fondo que aflora, ya más sistemáticamente elaborado, mediante la representación de la experiencia común y compartida, en el mundo desolado de sus obras *La máscara y los dientes* y *La rueda y el viento*.

En un nivel más profundo todavía se puede reconocer el espíritu religioso cristiano, nunca proclamado y tampoco negado, más humanista que estrictamente ortodoxo o jurídico, más de inquietudes que de derechos, por el cual admira a las figuras que —como Juan XXIII o Gandhi— supieron abrir a la humanidad hacia la posibilidad de un entendimiento pacífico y positivo. Sin embargo, él se reconoce independiente doctrinalmente en su vida y sobre todo en su poesía, lo que, salvo casos muy particulares, es realmente comprobable. Sin embargo, de acuerdo con las tendencias del momento histórico de la posguerra, Rafael Morales también publicó poesía religiosa, aunque no con gran abundancia. Encontramos composiciones laudatorias, otras más reflexivas y doloridas, hasta mediados de los años cincuenta. En general, prefiere la breve invocación o imprecación que se levanta hacia la divinidad como expresión de desconcierto por el dolor personal o el mal humano. Otras composiciones entran en el ámbito de la alabanza o del canto. A este respecto, lo esencial en su obra es el carácter que se podría considerar de «participación evangélica». Es una razón que explica que algunas de esas composiciones de tema expresamente religioso (y dependiente de un contexto intelectual y social de posguerra) desaparezcan después de su obra completa. Y el resultado lo ha explicado él mismo: «Yo he ido escribiendo estos versos [de *Los desterrados]* junto a las cosas desagradables, junto al dolor de los demás y, muchas veces, con mi propia angustia, con mi propio dolor»[4].

Su carrera poética recibe el respaldo del Premio Nacional de Literatura en 1954 por *Canción sobre el asfalto*. Entre tanto, actúa como asesor de la revista *Poesía española*, dirigida por José García Nieto, y se multiplica en sus clases de literatura. Un acercamiento al catedrático de la Universidad de Madrid Joaquín de Entrambasaguas, y una propuesta de tesis doctoral —con un tema que al poeta interesa poco— no tienen ningún efecto práctico inmediato. A partir de 1957 abandona las tareas docentes y pasa a dirigir *La Estafeta Literaria*, dependiente del Ateneo de Madrid, cargo en el que estuvo hasta ser destituido por Manuel Fraga en 1962, ya que había intentado durante esos ocho años una apertura intelectual, al introducir en sus páginas los nombres de Picasso, Sastre y otros, censurados, sin embargo, por la Dirección General de Prensa. Y es en esta época también cuando nace su segundo hijo, Rafael (1958). De nuevo tiene que multiplicar las tareas literarias más rentables, como la *Enciclopedia de la cultura española*, las adaptaciones teatrales para Radio Nacional de España y los libros de compilaciones de cuentos tradicionales o leyendas. Destacan, sobre todo, su relato *Dardo, el caballo del bosque* (1961), premio Doncel de literatura infantil, y la novela breve *Granadeño, toro bravo* (1964).

Tal vez estas condiciones y vaivenes de la actividad profesional impidieron a Rafael Morales una concentración en la poesía y retardaron las publicaciones. Desde 1954 pasa a 1962, con *La máscara y los dientes*. Es cierto, sin embargo, que este libro muestra una importante inflexión de su lírica y un esfuerzo de construcción unitaria, razones suficientes para demorar su composición y publicación. Hay posiblemente otro motivo aún, y es el cuidado con que él aborda la escritura poética, buscando la perfección del verso, la exactitud de ritmo y armonía, cuidado que depende de la necesidad de decir y de renovar las claves líricas y que va en contra de una profesiona-

[4] Este texto pertenece a la nota previa a *Los desterrados* (véase en esta edición, pág. 189).

lización y de una poesía escrita para estar en la actualidad. Poco después, Rafael Morales solicitó y obtuvo una beca de creación de la Fundación Juan March, el año 1966, para escribir *La rueda y el viento,* que apareció publicada el año 1971.

Y fue en los comienzos de esta nueva década cuando la situación personal y profesional del poeta encontró acomodo y estabilidad, con las oposiciones ganadas por su esposa y su acceso como profesor a la recién creada especialidad de Filología Hispánica en la Facultad de Filosofía y Letras de la Universidad Complutense, en la que impartió clases de Literatura del Siglo de Oro hasta su jubilación. Por la misma época es designado profesor particular de literatura de Carlos March, tarea a la que siguió el nombramiento como consejero de la Fundación Juan March.

Su participación en la vida literaria ha sido —durante casi sesenta años— continua y muy activa, siempre vinculado a los medios poéticos madrileños. Fiel a las amistades y a las relaciones establecidas desde los comienzos de su actividad, ha seguido con atención la poesía más joven. Y en este aspecto hay que resaltar su vinculación, hasta hace muy poco tiempo, con el Premio Adonais como miembro permanente del jurado, otra de las tareas a la que ha tenido especial aprecio. El éxito de su primer libro y el Premio Nacional de 1954, junto con las distinciones a algunas de sus obras: Premio Álamo en 1970 y Premio Ciudad de Melilla en 1993, son testimonio de un reconocimiento que las publicaciones de su poemario —penúltimo hasta ahora— *Entre tantos adioses* (1993) y de su *Obra poética completa* (1999) han refrendado con críticas elogiosas y, sobre todo, con la recepción de los lectores habituales y también de los nuevos.

En estos últimos tiempos, retirado en parte por su debilitada salud, ha sido miembro asiduo de la tertulia del Gijón, ha publicado también la antología *Por aquí pasó un hombre,* primer volumen de la «Colección Poesía en Madrid», reconocimiento y homenaje de la Comunidad de Madrid a su figura y a su obra, y ha continuado con la lentitud y precisión ya comentadas su escritura, cuyo resultado ha sido el reciente volumen: *Poemas de la luz y la palabra* (2003), en el que Rafael Morales ha adelgazado la materia de su poesía, ha sutilizado y concentrado el verso y canta, con admiración entusiasta, la vida y la fuente de la vida que siente plenamente en él. De este modo ha regresado felizmente a la actualidad editorial y literaria y ha puesto su poesía en el filo de una decantación lírica completamente actual.

EN LOS COMIENZOS DE LA HISTORIA: POESÍA DE CIRCUNSTANCIAS Y LIBRO DE ÉPOCA

Los primeros poemas que Rafael Morales recuerda haber publicado aparecieron en la revista *Rumbos* de Talavera de la Reina y en *Cristal* (números 13 y 16 del año 1936), revista literaria de Cáceres que dirigía Hernández Gil. Ya en el Madrid asediado, colabora con algunas composiciones, aún inexpertas, en el romancero de la guerra, con lo que participa del espíritu militante que imponían las circunstancias bélicas. Así publica, en distintos números de *El mono azul*, las composiciones tituladas «Francisco Villobres» (I, 9, 22 de octubre de 1936), «A los milicianos muertos» (I, 11, 5 de noviembre de 1936), «Madrid, de carne y de piedra» (II, 41, 18 de noviembre de 1937) y «El toro ibérico» (III, 46, julio de 1938). Los dos primeros aparecen con la firma R. Morales Casas y los dos últimos con la forma definitiva Rafael Morales.

El incipiente poeta que era el joven de dieciocho o diecinueve años recorre los temas y emplea los tonos propios del momento, impuestos por las circunstancias: la exaltación del héroe muerto en la acción militar que dirigía la identificación con el pueblo, como sujeto de la lucha; el canto al valor y al esfuerzo colectivo de Madrid, en su defensa, íntegra y firme:

> Madrid de ventanas rotas,
> Madrid de ventanas ciegas,
> como un puño te levantas
> en medio de la pelea
> [...] Tienes metralla en tu pecho,
> pero tu pecho no tiembla.

La forma de romance (octosílabo más bien contundente, con rima ligera y muy marcada) y el recurso a las repeticiones, paralelismos y antítesis refuerzan el carácter directo, inmediatamente comunicativo y propagandístico de los textos, que comparten páginas con otros de Rivas Paneda, Sánchez Barbudo, Rafael Alberti y Pedro Garfias.

El último de los poemas publicados en *El mono azul* tiene, sin embargo, una importancia particular, pues anticipa ya algunos elementos de su primera poesía madura. Se titula «El toro ibérico» y desarrolla la identidad metafórica (mejor decir emblemática) del pueblo español con el toro totémico, fuerte y en lucha. Pero lo interesante del poema —además de esta obvia anticipación germinal del mito táurico— está en el tratamiento, ya que sólo en la última estrofa se revela y explicita esa identidad, que recoge y da significado a otras alusiones más o menos sugestivas (*frente justiciera*, por ejemplo). Y para este tratamiento, ya no narrativo, como en los poemas anteriores, sino alegórico, recurre también a otra forma poética y estrófica, la silva de cinco versos por estrofa (menos la primera, que tiene cuatro) y rima consonante alterna. Si todavía es un poema bélico, apunta ya hacia su poesía posterior, al elevar la consideración y el alcance significativo. Y no sólo por la figura central y enteramente dominante del animal, sino por el empleo de algunos recursos del lenguaje (que aún se muestra forzado en alguna ocasión por la rima) como la construcción de sintagmas característicos de sustantivo y adjetivo: *dura calavera, corazón sonoro, sordo poderío;* incluso aparece ya la doble adjetivación: *asta brava y fiera.* No es sólo una consideración sintáctica, sino también semántica (la dureza y resistencia interior, la fuerza de la pasión, la lucha insumisa, el impulso insistente y ciego pero tenaz que es la vida misma).

Merece la pena ahora recuperar esa composición íntegra, ya que el poeta nunca la quiso incluir en su obra poética reconocida. Si por esta razón suficiente no cabe en las páginas del texto, es oportuna aquí como justificación documental y como testimonio histórico:

Con ancho pecho y corazón sonoro
y sangrante la dura calavera,
enardecido el toro,
levantando la frente justiciera.

Ya clavándose firme está en la arena
con el asta violenta,

levantando la boca en la que truena,
sintiendo por su sangre la tormenta
que todo el aire llena.

Ya por el aire surge derribando
con sordo poderío,
y caudaloso y ciego va avanzando
cual desbordado río
que a la callada tierra va ocultando.

Por las riberas que su sangre baña,
erguido vence el toro;
tan sólo de la muerte se acompaña
y del mugir sonoro
que pronto sonará por toda España.

Toro español de dura calavera,
clavado está en su suelo
y levantando el asta brava y fiera,
amenazante al cielo,
mugiendo sordamente en la trinchera.

Aquí se cumple la etapa de prehistoria. Ya sabemos que en agosto de 1940 comienza la escritura de su primer libro, y de él adelanta algunas composiciones en revistas. Así, *Escorial* acoge en las páginas de su número 20, de 1942, doce de las diecinueve composiciones que contiene la primera edición de *Poemas del toro*. Y, por otra parte, las revistas *Corcel* (en 1943), *Garcilaso* (en 1943 y 1945), *Fantasía* (1945) y *Espadaña* (también en 1945) incluyen poemas de su siguiente libro, *El corazón y la tierra*, o que forman parte del mismo ciclo. No pretendo recoger la lista de las composiciones publicadas en las revistas[5], sino ratificar cómo, a partir de 1943, la prehistoria literaria se cierra y, desde ese momento, la presencia del poeta se hace efectiva en muchas de las publicaciones de interés de los años siguientes. Esa trayectoria inicial recibió la sanción definitiva —ya es superfluo recordarlo— entre 1949 y 1952, con la edición, primero, de *Poemas del toro y otros versos* (1949),

[5] Hay bibliografías bien documentadas. Véase en la que cierra estas páginas la referencia de Mercedes Fernández Valladares. Varias tesis se han ocupado de la obra de Rafael Morales y contienen también una amplia bibliografía.

versión ampliada del primero, con un poema de Gerardo Diego; y con la inclusión, después, de su nombre y sus textos en la *Antología Consultada de la joven poesía española,* de Francisco Ribes, en 1952.

Es en esta época, entre 1938 y 1942, más precisamente a partir de 1940, cuando el poeta logra una síntesis personal de los elementos que formarán la sustancia permanente de su poesía y alcanza a madurar la expresión lingüística con su orden y precisión adecuados. De aquel «toro ibérico» salen, por expansión y decantación, todos los demás de su poemario inicial. Hay que añadir un factor estimulante remoto, la vinculación infantil a Talavera, centro de una importante feria de ganado y sede de la plaza donde Joselito sufrió la cornada mortal. Otro factor más próximo es la visión cotidiana de la cabeza de toro que su pariente —el taxidermista en cuya casa vivió durante la guerra— tenía sobre la pared de la habitación del poeta, según ya dije antes. De su continua visión tal vez surgieren el impulso y la imagen para la citada composición de *El mono azul.* Y del recuerdo persistente de ella, ya condensado y universalizado, el arranque del primer poema de su libro, tan claro, medido y acompasado:

> Es la noble cabeza negra pena
> que en dos furias se encuentra rematada,
> donde suena un rumor de sangre airada
> y hay un oscuro llanto que no suena.

El poema lleva como título «El toro» y presenta la imagen poderosa y trágica del animal. Al leerlo percibimos que la descripción se demora en la cabeza (y casi se limita a ella). Detectamos igualmente la semejanza de fórmulas lingüísticas con las de «El toro ibérico»: *dura calavera* o *sorda calavera;* también *sordo poderío* o *mugiendo sordamente;* o bien: *sintiendo por su sangre la tormenta* frente a *su tormentosa fuerza enamorada.* Otros sintagmas de aquella composición resuenan en diferentes poemas; por ejemplo, en «Mugido»: *surges en los aires* e *irrumpes en el aire.* En cambio, el poema «Toro en la serranía» parece haber realizado una adaptación de fondo al trasponer la relación toro-pueblo español a toro-tierra española, conservando las equivalencias de bravura y altivez. De este modo nos remontamos a los orígenes del libro, teniendo en cuenta las palabras de su autor: «Lo empecé a escribir en Talavera de la Reina, mi ciudad natal, el 1 de agosto de 1940. El día anterior había cumplido veintiún años... El soneto que encabeza todas sus ediciones, el titulado "El Toro", germen de todos los demás, fue el primero que escribí en mi vida»[6]. El libro brota de este soneto, que, a su vez, prolonga, define y perfecciona líricamente una intuición ya ensayada en 1938.

Pero la historia continúa. Y en ello hay que insistir para situar el libro adecuadamente, ya que su importancia parece haber quedado desvirtuada, en ocasiones, por la justamente atribuida al año de 1944, marcado con los libros de Dámaso Alonso y de Vicente Aleixandre y con la aparición de *Espadaña*. Sin embargo, no conviene olvidar que en 1943 ocurrieron otros hechos que, para esa década, tienen también carácter fundacional: la creación de *Garcilaso*, por parte de las instituciones del régimen político, y la publicación de *Poemas del toro*, que inicia la Colección Adonais. Ambos hechos son, de alguna manera, antagónicos entre sí y precisamente por ello muestran, con su simultaneidad, la realidad literaria del momento. Aunque en seguida hay que reconocer que tampoco tuvieron la misma proyección posterior, rebasado el límite de 1949: *Garcilaso* y su tendencia se agotan, mientras que Rafael Morales alcanza su momento más intenso hacia 1954 y la Colección Adonais sigue reconociendo y premiando diversas tendencias poéticas definitivas en los años siguientes. Las reediciones del libro, las críticas inmediatas y la presencia en las antologías confirman la condición históricamente relevante y poéticamente fecunda de esa publicación. Y así lo confirma José Luis Cano, al recordar la historia de Adonais: «El éxito de este hermoso libro de Morales, dentro del ámbito minoritario en que se movía y se mueve siempre la vida poética española, fue fulminante. Casi podría decirse que este éxito aseguró el porvenir de la Colección en los años siguientes»[7].

---

[6] De nuevo la cita de *Por aquí pasó un hombre. Antología poética*, pág. 19.

[7] José Luis Cano, «Breve historia de una colección de poesía», *Cuadernos Hispanoamericanos*, 7-10 (1949), pág. 348.

Por aportar también otro testimonio autorizado y muy próximo al momento y al autor, recojo unas palabras de Vicente Aleixandre, publicadas en el prólogo a una antología italiana, ya veinte años después de la fecha del libro. En ellas destacan el valor que confiere al libro y la memoria de cómo fue aceptado: «¿Y quién ha olvidado sus *Poemas del toro,* uno de los primeros libros en verdad decisivos en aquellos años de la posguerra? Él inaugura la famosa Colección Adonais y —hoy lo vemos— imprime carácter al arranque de la generación»[8].

Como señalé, no sólo la necesidad de esquemas didácticos y explicativos, sino también otros factores más hondos han atenuado esta percepción de la importancia de *Poemas del toro*. Rafael Morales abre una de las vías de la tendencia rehumanizadora de posguerra, en relación con modelos anteriores y pretéritos; de este modo participa de la restauración formal y de la poesía fundada en el sentimiento existencialista. Pero no cabe hablar —en relación con él— de un grupo constituido o de una estética dominante en esos años, difíciles y de tentativas apasionadas, aunque la corriente que señalo, en su amplitud, incluye otros poetas muy importantes desde entonces. Otra particularidad de Rafael Morales puede haber contribuido a establecer esta situación. Sus siguientes libros de poesía exploran diversas posibilidades temáticas y expresivas, dentro de una tónica común de pasión contenida y de proyección universal. Pero su trayectoria posterior vino a resultar demasiado discontinua, hasta el punto de que uno de los libros de intensos y bellos poemas —*Prado de serpientes*— no se publicó exento, sino como libro inédito dentro del volumen

---

[8] Vicente Aleixandre, «Poeti spagnoli dopo la guerra civile» (Prólogo, 1963), recogido en *Obras Completas*, Madrid, Editorial Aguilar, 1968, pág. 1550. Morales gusta de recordar otro texto de Aleixandre, que pertenece a su Prólogo a la *Antología de Adonais*, Madrid, Ediciones Rialp, 1954, en el que califica *Poemas del toro* como un libro «nuevo en el hondo sentido» (en la ed. cit. de *Obras Completas*, pág. 1529). Dos aspectos me parecen dignos de ser tenidos en cuenta. El primero es la autoridad poética de quien formula estos juicios. El segundo es el carácter de testimonio personal, desde el recuerdo, que nos invita a pensar que así fue realmente recibido el poemario de Morales. A ésta se puede añadir la mención de otro testigo, Federico Carlos Sainz de Robles, quien recuerda el fervor que provocaron los poemas en su lectura pública en el Ateneo de Madrid. Véase *Diccionario de la Literatura Española*, Madrid, Aguilar, 1949, págs. 1106-1107.

Obra poética (1943-1981) (1982). Este momento coincide, por otra parte, con una ostensible renovación en la lírica española, con polémicas bien conocidas y posturas de grupos hegemónicos que han propiciado el oscurecimiento de las figuras anteriores y de los disidentes.

De vuelta a *Poemas del toro,* sabemos que la obra, en su estado actual, proviene de los diecinueve poemas iniciales (diecisiete de ellos, sonetos), a los que se añaden dos en 1949, tres en 1952 y otro todavía en 1958 (como se indica en las notas del texto). Tal vez esto quiera decir que en una larga etapa, primera de su creación, Morales tuvo este libro por perfectamente representativo y germen fecundo de su poética. Y por ello conviene insistir todavía en otros aspectos de su gestación. La adecuada y precisa composición métrica de sus versos y el perfecto dibujo de los poemas, la tensa y a la vez fluida dicción, la abundancia de imágenes sobre modelos metafóricos tradicionales y la emoción contenida son rasgos que definen y conforman su idea de la poesía que quiere realizar y que considera adecuada a su tiempo. Pero en los siguientes libros abandonará toda figura interpuesta para tratar más directamente —con perspectiva intimista o social— la materia de la vida humana sometida al discurrir temporal y, por tanto, a la destrucción.

Uno de los debates acerca de este libro se ha referido a la influencia de *El rayo que no cesa,* de Miguel Hernández, influencia negada en parte, es decir, restringida, por Rafael Morales en varias de sus declaraciones. Parecería elusión de un aspecto inevitable no atender este asunto, pero no quiero concederle una importancia mayor, ya que adopto una perspectiva histórica. Aparte de sus relaciones de amistad, tan reiteradas, conviene situar a Morales en la trayectoria que parte de los años inmediatos anteriores a la Guerra Civil y que representa entonces Miguel Hernández. La génesis concreta del libro puede explicarse —como he hecho hasta ahora en estas páginas— sin la influencia directa y decisiva de *El rayo que no cesa;* al menos, como reconoce su autor, en una parte (la mitad más o menos) de su primera versión. El toro es una figura alegórica que encarna emblemáticamente la pasión humana en el libro de Hernández, y este significado es más amplio en Morales. Y la predilección por la figura del animal no es imprescindible atribuirla solamente a la influencia directa[9].

Su arranque estaría en las lecturas de los poetas barrocos e incluso en un poema de Vicente Aleixandre, el titulado «Toro», de *Espadas como labios* (1932). Pero es también un hecho la lectura de *El rayo que no cesa* en Talavera y la presencia de un verso de Miguel Hernández como epígrafe en uno de los poemas. Más en general hay que reconocer la semejanza o coincidencia (que yo creo manifiesta) con la técnica de personificación parabólica de Hernández en dos composiciones: «Toro de amor y ausencia» y «Pasión», aunque en ninguno de ellos figura la cita de Hernández (que se incluye como epígrafe en el poema «Toro sin mayoral»). En esta aproximación, hay que recordar que cinco son los sonetos de referencia taurina en el libro de Miguel Hernández, los que llevan los números 14, 17, 23, 26 y 28. Y las similitudes aparecen en las relaciones alegóricas del toro con el amor, aunque con un sentido inverso: mientras en el primero de los sonetos de Hernández se predica la condición de amante dolorido del toro, en el de Morales se atribuyen las cualidades del toro al amor humano. El sujeto y el objeto cambian sus funciones. De los sonetos 17 y 23 puede recordarse la presencia de la es-

[9] De nuevo podemos citar la declaración del poeta en su antología *Por aquí pasó un hombre:* «Se ha dicho también que este libro tiene influencia de *El rayo que no cesa,* de Hernández. Todos tenemos maestros y me honraría mucho tener éste, pero lo cierto es que yo, que conocía otras obras de este gran poeta, no conocí la mencionada hasta que me la prestó mi amigo Emilio Niveiro cuando yo ya tenía el mío más que mediado» (ed. cit., pág. 21). Una demorada exposición de las relaciones se encuentra en Miguel D'Ors, *Los «Poemas del toro» de Rafael Morales,* Pamplona, Eunsa, 1972, págs. 24-30. Su conclusión es la siguiente: «Las coincidencias entre Miguel Hernández y Rafael Morales son escasas, y en su mayoría proceden de una inspiración común.» De esta relación del poeta con la tradición táurica de la poesía española trata precisamente el Prólogo de José M.ª de Cossío que acompaña a todas las ediciones. Cierto parentesco, percibido en general, puede deducirse de la expresión de Gerardo Diego al mencionar a Rafael Morales como «hermano menor de Miguel Hernández». (Nuestro poeta lo acepta en el aspecto humano más que en el poético.) Todo este conjunto de referencias las recoge y las sitúa en relación con el *pathos* neorromántico Víctor García de la Concha, *Poesía española de postguerra,* t. I, Madrid, Cátedra, 1987, págs. 401-407.

pada, en relación con el último terceto de «Pasión»[10]. Hasta aquí algunos detalles significativos.

Pero cabe una consideración general de las relaciones según tres aspectos semejantes. El primero es el dominio total de los elementos afectivos en el poema: emoción, intensidad, desgarro, patetismo, reforzado por las figuras de dicción, la hipérbole, etc. El segundo, la coincidencia en el vehículo expresivo del soneto y en la fuente de inspiración en la poesía española —fundamentalmente Quevedo y otros poetas del Barroco— que dan, conjuntamente, la fuerza precisa y contenida por la forma. El tercero se refiere a un léxico en buena parte coincidente o similar para la descripción del animal: huesos, astas, piel, corazón; y para la adjetivación o determinación valorativa: *desmesurado, vasto, sonoro,* etc. Y con esto se verifica un doble fenómeno significativo: la relación entre el toro, con su vida y, sobre todo, su muerte, con la pena y el dolor humanos; y la proyección telúrica de ese sentimiento, al corporeizarlo en el animal totémico (ya en Vicente Aleixandre también).

La cuestión de las relaciones entre Rafael Morales y Miguel Hernández se podría ampliar, posiblemente, si atendemos la indicación de nuestro poeta de que sólo conocía, al comenzar su primer libro, la obra *Viento del pueblo* de su amigo oriolano. Pues bien, en el famoso poema que da título al libro, encontramos expresiones que pudieron constituir un estímulo verbal más o menos directo, e, incluso una matriz de carácter imaginario y simbólico, que luego dio resultados propios, como levantar la frente, castigar y amenazar; sin que quepa descartar alguna influencia de aquel «toro ibérico» en Hernández mismo. Pero lo que me interesa ahora es que el aspecto cósmico de la relación o identificación del toro con la naturaleza («cordilleras de toros / con el orgullo del asta») culmina en estos versos, con antítesis e hipérbole que constituyen recursos también de Morales:

[10] Ratifica la posibilidad de la relación que este soneto —que el poeta creía muy temprano— fue sin embargo tardío, según testimonio del propio Morales en la ed. del libro en Editorial La Palma, pág. 24.

La agonía de los bueyes
tiene pequeña la cara,
la del animal varón
toda la creación agranda.

Más allá de influencias precisas y de rasgos generales compartidos, cabe señalar también diferencias de planteamiento: en Miguel Hernández el proceso poético culmina en un libro centrado con exclusividad en el tema amoroso y en la pena, que se deriva de las condiciones sociales y humanas de ese amor (con otros poemas enmarcadores en una estructura estudiada por Sánchez Vidal y por Balcells[11], entre otros.) Ese tema se proyecta en una multiplicidad de imágenes de la tierra y el campo, entre las cuales las táuricas y taurinas tienen relevancia como soportes y referencias imaginarias. Frente a esto, el libro de Rafael Morales tiene otro planteamiento y no ofrece la misma centralidad del tema amoroso, que en él es circunstancial y tal vez sí pueda derivar de Hernández. Es la figura misma del toro la que está como núcleo generador del libro y la que otorga a éste unidad en sus distintos aspectos, gracias a la autonomía poética con que surge y se describe la diversa existencia de la fiera en su medio[12]. Semánticamente hay también semejanzas y diferencias, pues *Poemas del toro* se articula sobre el eje de la vida (fuerza e impulso) y la muerte, que, si contiene elementos del petrarquismo, pasa a una consideración existencial más amplia en la vida de los hombres, aunque sólo mediante una correspondencia de tipo emblemático. Sería el libro, en su conjunto, una estructura de símbolo bisémico o una imagen compleja para ser leída directamente y al sesgo[13]. Pero no es una alegoría continuada porque

[11] Véase ahora, además de la amplia y decisiva bibliografía de Agustín Sánchez Vidal, la edición de *El rayo que no cesa* realizada por José M.ª Balcells y su Introducción crítica, Madrid, Sial Ediciones, [2002].

[12] Algunas de estas diferencias las señalaba José Luis Cano en su artículo: «La poesía de Rafael Morales», *Ínsula*, 105 (1954), pág. 6. Véase en *Poesía española contemporánea. Generaciones de posguerra*, Madrid, Guadarrama, 1974, páginas 53-57.

[13] A este respecto parece oportuno traer el testimonio de un gran lector de la poesía de este tiempo, Emilio Alarcos Llorach, quien, en reseña muy poste-

el segundo nivel no tiene la estabilidad y la precisión del primero, el directo e inmediato.

Esto nos lleva a reconocer dos formas de relación entre el animal y el mundo humano en el libro de Morales. Hay poemas cuyos enunciados se entienden inmediatamente referidos a la realidad del toro, en alguna de sus circunstancias o episodios vitales, sobre los que se apoya y proyecta una cierta experiencia humana o un sentimiento trasladado: la maternidad, la cólera, el engaño, la muerte, la libertad natural... La experiencia, al adjudicarla al toro, adquiere el grado necesario de extrañeza y de objetividad que es parte de su constitución estética. En cambio, hay enunciados (como los de los poemas «Toro de amor y ausencia» y «Pasión») en que la referencia al animal es un tropo, imagen metafórica o más bien símil sobre el que se define y articula un sentimiento expresamente humano que se quiere resaltar de modo intenso e hiperbólico. Y aquí el sujeto poético se identifica con el yo enunciador:

> Tu ausencia está en mi sangre y en mi vida
> hecha forma de toro enamorado...

Y también:

> Así va mi pasión, tras ese grave
> fantasma vaporoso que he soñado...
> y así mi corazón, igual que el toro...

En definitiva, lo que importa destacar es la importancia histórica de *Poemas del toro* como uno de los libros iniciadores de la poesía de posguerra y, a la vez, eslabón fundamental con una de las líneas de cambio de la preguerra en los años treinta, representada por Miguel Hernández en cuanto a la restauración de elementos tradicionales retóricos y formales, pero sustentada tam-

---

rior, recordaba así uno de los resultados de la apertura semántica del libro: «Los poemas convertían la presencia del toro en un rumor casi telúrico de sentimientos secretos y voluntariamente amortiguados. ¿Hasta qué punto era válida la *lectura* (nosotros todavía decíamos *interpretación*) que dábamos al poema final "Lucha de toros"? Acaso era reflejo de las discordias civiles, entonces tan recientes» («A medio siglo de Rafael Morales», *La Voz de Asturias,* 12 de abril de 1993, s. p.).

bién por Vicente Aleixandre en su concepción de la poesía. Y con esta cuestión enlaza otra, que no debe ser considerada minucia o mero debate terminológico: se trata de la consideración de esta poesía de Morales como neobarroca o neorromántica.

En general, hay que recordar su voluntario distanciamiento respecto del movimiento neoclásico garcilasista. E inmediatamente después parece que tanto el metro elegido en *Poemas del toro* como los modelos explícitos mencionados abogan por la influencia inicial y casi exclusiva del Barroco español, cuya tensión emocional puede encontrar cauce adecuado en un verso de gran precisión rítmica y melódica (Quevedo y Lope), ya que la palabra se ajusta a la plenitud de un ritmo acentual, en composiciones equilibradas y bien resueltas. De todo ello encontramos ejemplos continuos en los sonetos de Morales. Y, más en particular, de ese habitual recurso compositivo que es la bimembración, del tipo: «rueda redonda, caudalosa crece» (con quiasmo); o bien así: «contra toda mudanza y todo olvido»; «este imprevisto afán, este ardimiento», «el cielo grande y el rumor del trigo». Otro recurso que puede estar originado en la misma tradición es la doble adjetivación: «una tranquila y lánguida armonía», «es un ansia cercada, prisionera» o la duplicación de términos con la misma función: «levantas tu sangre y tu fiereza», «derribará tu llanto y tu grandeza». La frecuencia relativa de figuras de oposición semántica, como la antítesis y el oxímoron: «incendio congelado» o «negro relámpago», nos orienta en la misma dirección, sobre todo al comprobar que hay en los poemas una estructura de significación muy repetida que opone el movimiento (sinónimo de pasión y vida) a la quietud (limitación, frustración y muerte), con ese dinamismo concentrado e interior del Barroco, para cuya descripción poética recurre Morales a una continua referencia corporal, a la materialidad en que reside la fuerza vital y anímica represada. Así podríamos seguir con otros rasgos estilísticos no exclusivos pero sí indicadores: la posición final del verbo en participio o la repetida atribución «a de b»: «los mares de tu sangre». Para terminar, es posible de nuevo referir a una influencia del Barroco (favorecida o canalizada por la antología de Cossío sobre el toro en la poesía) la

ección de un *topos* que se desarrolla en un conjunto de poe-
ıas independientes, sin formar exactamente una historia[14].

Pero luego, *El corazón y la tierra* pone de manifiesto el dife-
nte origen de su inspiración. Lo más importante no es su re-
tida contraposición del amor y de la muerte —articuladora
el contenido tal como enuncia el título— como tampoco el
cplícito homenaje a Lope de Vega, sino la tendencia del poe-
ario a enajenarse en una interioridad lírica, en una subjetivi-
ad y en una emocionalidad más próxima al romanticismo,
npresión general que el poeta ha querido corroborar, apo-
ándose en el juicio estético de su amigo, el crítico y poeta
sé Luis Cano: «Para él, sencillamante, se trataba de una ac-
tud neorromántica y esto era lo cierto»[15]. A este tono vital
ísico, que entronca con el momento histórico de tenden-
a existencialista, se le añade un sentimiento propio del pai-
je, que también tiene la función de «manifestar, aunque
o siempre, la angustia de quien se siente en un mundo de
gno más inhóspito que placentero». Sobre esto volveré en
n apartado posterior[16]. Pero apreciamos ya ahora en el con-
nto del poemario distintos matices: la sección primera,
Madre tierra» y otras referencias posteriores remiten aún (a mi
iicio) al mundo de la lírica barroca, mientras que la última
arte, titulada inicialmente «Paisajes en el alma», apunta
ás claramente a la función lírica de la incertidumbre ro-
ántica (ratificada por el subtítulo «Misterios y fantasías»).
e este modo, los *Poemas del toro* y *El corazón y la tierra*, libros
scritos en buena parte simultáneamente, definen conjunta-
ente las fuentes de inspiración, las tendencias poéticas y

[14] Ya observó Julio López cómo el libro «está constituido por un inmenso
esco sobre la vida del toro». *Poesía y realidad en Rafael Morales*, Barcelona,
ozanco, 1979, pág. 30.

[15] Las palabras de Morales se citan de su antología *Por aquí pasó un hombre*,
g. 44. Recogen y resumen la opinión de José Luis Cano que más abajo apa-
ce citada, correspondiente al artículo referido en nota 12.

[16] La doble dimensión genética de la poesía de Rafael Morales parece, sin
nbargo, haberse convertido en un lugar común de la crítica ya en su momen-
histórico, según lo que anota Federico C. Sainz de Robles respecto de su li-
o posterior, *Canción sobre el asfalto*, al considerarlo un lírico absolutamente
mántico, «con un romanticismo *barroco*». Así lo escribe en «Al margen de
s libros» (Madrid, 21 de septiembre de 1954).

los registros lingüísticos que forman la base en la que encue tra su apoyo la emoción lírica y expresiva de Rafael Morale el Barroco, con su desgarro vital y su tensión emocional, y romanticismo, más cerca tal vez de Espronceda y su inten dad expresiva.

La obra poética de Rafael Morales y su contemplación afectiva del mundo

En conjunto, la poesía que él mismo ha querido reconoc y mantener como suya en estos tiempos está formada p ocho libros, publicados entre 1943 y 1993, más otro aún, q ha visto la luz en 2003. De la descripción que cumple hac ahora de tal trayectoria, cabe adelantar dos rasgos que sirve de coordenadas. El primero, que será objeto de explicació posterior, es la identidad de su voz poética y la fidelidad d poeta a los orígenes de su inspiración y a las tradiciones que parte. Las diferencias entre los distintos libros y la evol ción al cabo de tanto tiempo, también perceptible, serán ah ra observadas y descritas en la presentación de cada obra. segundo rasgo significativo se refiere a la mencionada disco tinuidad de sus publicaciones. En este aspecto, Rafael Mo les se nos sitúa en el grupo de los autores de lenta maduració y escritura.

Los dos primeros libros, ya presentados, pueden ser vist como un díptico en que el poeta explora líricamente el ámb to de la existencia, que se realiza en el cosmos como una c rriente de pasión, fuerza, impulso ciego pero decidido. amor y la muerte, en sus distintas facetas (el beso, la mater dad, la adolescencia feliz o la frustración, la soledad, la veje la esterilidad, el destino o la crueldad) se resuelven en un té mino común e integrador que es la vitalidad o el vitalism expresión de la energía que en estos libros se corporaliza lenguaje, haciendo de la parte interior del organismo, de centro corporal, huesos, sangre, vísceras, la sede metoními de esa fuerza, desmedida en su origen y limitada en su fin. aquí el motivo de la tensión trágica que también alienta y difunde en estos versos.

Encerrada en la sorda calavera,
la tempestad se agita enfebrecida,
hecha pasión que al músculo no altera:

es un ala tenaz y enardecida,
es un ansia cercada, prisionera,
por las astas buscando la salida.

(«El toro»)

Mas el ansia tenaz y desbordada
del fiero corazón, que va burlado
no saciarás jamás, ¡triste porfía!

(«Lidia»)

Mas, ¿no sientes del hondo la llamada
y ascender por tu sangre lentamente
algo que es tierra y que pesadamente
busca tu corazón para morada?

(«El hombre»)

Llena mi soledad, mi noche oscura
y el cósmico silencio de este cielo
que amenaza mortal desde la altura.

(«Instinto»)

Es la tenaz llamada pasional de la vida,
es la implacable cita que convoca el destino,
es el dolor más hondo que, transformado en beso,
clama en la noche y surge sideral y divino.

(«Los amantes»)

Uno de los poemas más característicos de *El corazón y la erra* es, a la vez, una confirmación y una excepción. Confirma la materialidad sustentadora y alimentadora de lo vital en cuerpo, pero la presenta sólo ya como un recuerdo, no una alidad presente e inmediata. Se trata de «A un esqueleto de uchacha». Por otra parte, a medida que avanzamos en el or-

den con que los poemas están dispuestos dentro del libro, di
minuye esa materialidad corporal, se libera el deseo y se pe
filan mejor los matices afectivos de la soledad, la carencia,
aspiración difusa. A veces la expresión resulta muy directa, i
mediata y de un romanticismo poco depurado. Pero aún n
desaparecen las concreciones metonímicas:

Estoy solo en el campo. El mundo está vacío
sin ti. Yo palpo, triste, la soledad del cielo...,
dejo mi alma lenta que se la lleve el río,
que un pájaro se lleve mi corazón en vuelo.

La soledad, la ausencia, concrétanse en la roca,
y el silencio se expande como niebla en mis venas.

(«Ausencia

¡Cómo duele este cielo silencioso y desierto!
¡Cómo duele en el alma la soledad inmensa!
¡Ay, espacio infinito sin color ni figura,
donde todo es vacío, inconcreción y ausencia!

(«Sin ti

Medida, rigor, compás y precisión rítmica, por una part
por otra, sentimiento de vulnerabilidad que se condensa, p
la propia predisposición humana y las experiencias dolorosa
en contacto con el existencialismo difuso de la posguerr
como sentimiento trágico que acompaña siempre a la existe
cia; y finalmente compasión y protesta son los factores que
combinan para determinar la poética que sustenta los libr
siguientes, bien insertos en la tendencia general del realism
testimonial de los primeros años cincuenta, pero muy aleja
del concepto de poesía como embellecimiento o del puro
rismo de expresión del yo íntimo. Busca Morales, en *Los de
terrados* (1947) y en *Canción sobre el asfalto* (1954), la poesía q
corresponda a una sociedad herida o convaleciente, a través
unas determinadas «estampas» (muy claramente fijadas y de
mitadas en los poemas de *Los desterrados*, que ofrecen, en
conjunto, el retrato de esa realidad en su doble dimensión, i

:rior y exterior, como es propio de una mirada artística y no ocumental). La dimensión exterior obedece a la impresión e una España de posguerra, en que la escasez y la pobreza fectaron a tantos grupos humanos, y en la cual seguían punando los recuerdos dolorosos y amenazaba el miedo. Es la nirada que parte de la inseguridad y de la sensibilidad de un encido, que supo también del horror de la retaguardia en su ropio bando. La dimensión interior se manifiesta en la emoión que acompaña a esta perspectiva, capaz de percibir y ompartir, de modo concreto, el dolor de la existencia y así oder cantar esa existencia histórica, de la cual extrae, como ontenido poético, una constante de la condición humana.

Un detalle anecdótico nos ayuda a situar contextualmente l libro. Morales cedió su turno de publicación en la Colecón Adonais a *Los Muertos,* de José Luis Hidalgo, muy gravenente enfermo. Pero éste murió pocos días antes de que saliea su obra de la imprenta. El caso nos invita a ver (más allá de n gesto natural de amistad) cierta correspondencia de fondo ntre ambos libros y de ellos con el medio social y poético en ue se escriben. Ese fondo es el sustrato histórico y cultural.

Este proceso culmina en el libro final de este momento, *Canción sobre el asfalto,* el más complejo, que contiene algunos oemas antológicos, como el celebrado «Cántico doloroso al ubo de la basura». El libro mantiene la exigencia formal y la structura definida que conforman esta etapa de Morales y de tros poetas del momento y se divide finalmente en cuatro artes (cinco en la primera edición), que mantienen entre sí orrespondencias y oposiciones señaladas en los titulillos: Esa gente que pasa» frente a «Ahora os hablo de mí»; y «Canión sobre el asfalto» frente a «Lejos queda el asfalto». Las dos artes centrales son más íntimas (y remiten en su tratamiento el amor y de la naturaleza a la línea de *El corazón y la tierra),* nientras la otras dos (inicial y final) muestran la realidad exerna, objetiva, reiteradamente descrita. De esta manera la bra se constituye en la tensión entre lo próximo y lo ajeno, o interior y lo exterior, lo natural como esplendor y lo artifiial y degradado del suburbio urbano. Y con una doble nota e resonancia sentimental: la nostalgia —que enlaza con la nticipación de la muerte— y la aspiración continua, la constancia y el amor. Rasgos que continúan y matizan mejor universo emocionalmente conflictivo de su primer libro.

Ahora el poeta quiere fijar lo inmediato e insignificant que es, a la vez, frágil, caedizo y fugaz. Lo percibe y lo destac en su individualidad de ser en un momento del tiempo y e un fragmento del espacio, al alcance de su mirada. El poem rescata la realidad —en su espesa constitución material— d tiempo, de la destrucción y de lo que es a la vez tiempo y de trucción para el hombre: el olvido. La realidad en su conjunt aparece localizada en objetos y en seres humanos tan anón mos que semejan objetos. Y ellos muestran los tres modos d ser que el libro recorre: lo que fue y ya no es (pero que en s ser pasado sigue como un resto: retales, residuos, esqueleto lo que es, pero artificial y falsamente, y que evoca una natur leza anterior patética y destruida: el árbol cautivo o los rest de vidrio. Entre ambas formas, el anhelo, la ilusión del espírit lo que aspira a ser y aún no es, que tal vez nunca sea o nunc llegue a plenitud. Así el amor. En todo ello hay un element común, que es de nuevo el sentido de lo poético para Rafa Morales: el descubrimiento de la belleza que se esconde en s contrario, la fealdad o la miseria. La belleza es la realidad últ ma, la dimensión irrenunciable, que aún subsiste —rescatad por la palabra— después de destruida. Se trata de un esple dor auténtico de las cosas que están en el tiempo y pueden se recordadas en la plenitud de ser que las constituyó.

Los dos libros siguientes, *La máscara y los dientes* (1962) y *L rueda y el viento* (1971), parten de una correspondencia genera establecida ya desde la semejanza de los títulos y de sus refere cias abstractas. Esto apunta a coincidencias de contenido, e tructura y perspectiva que el poeta quiso definir con un neol gismo: *lirodrama*, porque su propósito fue ofrecer «una acció tratada líricamente»; por ello no existe trama, pero sí acción qu «venga a ser reflejo y símbolo, radiografía de algunos aspectos d la humanidad». El propósito inicial fue completar un largo cic que, luego, dejó interrumpido y reducido a estos dos volúm nes. El contenido de los poemas es, pues, la acción, y su perspe tiva es lírica, aunque comporta también un juicio moral, que s descubre en explicaciones como la siguiente: «aquí no existe u héroe único, o de fracción o grupo, sino un hombre que no ti

e nombre alguno, porque es el símbolo de todos en un mun-
o de falsedad y hostilidades». Esa perspectiva recurre al instru-
ento de la alegoría, término que el poeta evita pero que me pa-
ce adecuado para resumir los otros que él emplea.

En *La máscara y los dientes* se trata de una alegoría de la vida
umana (abstracción y reducción a un caso ejemplar) con tres
tegorías: el sujeto, presentado como el Hombre (habitante
bano); el espacio, que es la Ciudad; y el tiempo, un día nor-
al y también el decurso completo de la Vida. La obra ofrece
os características, a partir del hecho de su presentación como
oema-libro orgánico y dividido en partes: la desaparición del
como sujeto lírico (es sólo el enunciador) y la experimenta-
ón formal, que incluye una gran variedad de metros y formas
micas, polimetría que trata de ajustarse al momento de la ac-
ón descrita. El título aparece repetidamente explicado (otro
sgo de la alegoría), añadiendo sucesivos aspectos o matices:
Caminas entre fieras dentelladas, / entre máscaras acres y col-
illos.» Con «la gran máscara del mundo» alude a la vida so-
al, llena de falsedad y de crueldad. Pero los términos se levan-
n a un significado más alto: «estás entre los dientes de la
da», «el instinto se disfraza con hipócritas sedas», «la vida en-
e sus dientes nos convoca, nos tritura», o bien: el Hombre
hora estaba desnudo / arrojada la máscara».

La visión de la vida humana se inicia con el despertar en el
nanecer y concluye con el sueño nocturno. La descripción
el alba (puro fragmento lírico) y la del ocaso crean el marco
ra la secuencia del día humano. En ella, el poeta inserta su
gaje de preocupaciones y valores, sin explicaciones. Por ejem-
o, la oposición (ya conformada en *Canción sobre el asfalto)* en-
e el mundo natural y el urbano; a aquél pertenecen la belleza
la pureza, frente a la opresión y degradación de la ciudad,
ue, sin embargo, no es rechazada, sino aceptada con resigna-
ón y ternura, aunque en ella la vida se disminuye (en su inten-
dad) y se falsea (en su calidad). Por ello escribe:

> Olvida las praderas, la alegría
> de los verdes paisajes vegetales,
> sigue entre fieros hierros y cristales
> mientras crece frutal, gozoso el día.

El mármol de la escalera, materia degradada y no sopor de la obra artística, es otro ejemplo de objeto que despier la ternura por la ruina de las cosas nobles.

Otra de las estructuras de significado puede ser la existe cial, en que opone el amor, como sustrato esencial de la vid a la soledad, por una parte, y a la muerte, por otra. El existe cialismo sí es en este caso un humanismo, puesto que se e presa en el poema —y especialmente en la segunda parte- como fe en el hombre y defensa de su persona, como reivi dicación del individuo frente a la masa constreñida por la pı sión social. Y llega incluso a la protesta. Véase el fragmen «La oficina». Y dentro de esa consideración plantea como pr blemas esenciales el del dolor y el de la libertad.

Frente a estas apreciaciones de la novedad y del empeño q trasluce el texto, podemos preguntar también por el alcance su logro estético. Creo que éste se da más bien en fragmentos en poemas particulares que en el conjunto. Porque, por u parte, para nuestra lectura actual la organización del libro algo rígida y a la vez convencional. Falta imaginación fabulad ra, aunque se despliega la verbal, con aciertos expresivos, ca dad de lenguaje, dominio de la técnica y variedad del verso sus modulaciones. La necesidad de tratar sucesivamente las cenas cotidianas aboca al poeta a ciertos esfuerzos descriptiv y tropológicos que aparecen como *amplificatio* de una mate excesivamente tenue y de un contenido en general previsibl

El término neológico «lirodrama» no impide que nos in resemos por los modelos, que, adecuadamente transform dos, pueden haber dado la clave del tratamiento y la estruct ra. De inmediato se nos ofrecen dos, en la línea de sus orí nes poéticos, y ambos los recuerda el mismo Rafael Moral la fábula del Siglo de Oro (en cuanto puede haber una acci tratada líricamente) y el poema épico-lírico del romanticism cuyo modelo, tanto alegórico como poliestrófico, es *El dia mundo* de Espronceda, con el cual me parece encontrar b tantes más coincidencias.

En el otro «lirodrama», *La rueda y el viento,* se advierte práctica desaparición de las articulaciones narrativas y todo poema se apoya en una presentación de aspectos de la rea dad social. Y puesto que la «materia narrativa» disminuye, voz lírica queda más en evidencia, aunque el yo sólo se presenta discretamente incluido en el plural «nosotros»:

> Ay, ¿quién podrá borrarnos tanto ultraje,
> lavarnos tanta herida, levantarnos
> del polvo en que yacemos, señalarnos
> la ansiada senda oculta entre el boscaje?
> [...]
> Oh, no, dolida mano, no te escondas,
> que vamos torpes por el bosque vano,
> ciegos de viejas soledades hondas.

De nuevo el título ofrece resonancias tradicionales modernizadas (como la Rueda de la Fortuna). Por otra parte, la rueda es emblema universal del cambio y de la fijación, es decir, de la repetición: de las estaciones del año, del ciclo de la vida y la muerte; pero también de la vida urbana con sus procesos repetidos y monótonos y, finalmente, de la técnica que domina con su mecánica la existencia humana y la somete. El viento es impulso y fuerza, imagen de la Historia. Y por esta imagen, e incluso por el tono levantado, por la composición de un poema de poemas, por la cualidad de protesta moral, más marcada aquí que en el libro anterior, me parece posible advertir alguna influencia de León Felipe con sus obras del exilio, *Español del éxodo y del llanto* y *Ganarás la luz*. Una cierta perspectiva apocalíptica y un latente pesimismo son rasgos que acentúan más esta semejanza o coincidencia y que llevan al poeta a una denuncia de la falsificación de la existencia humana y a la exaltación de la fuerza, espontáneamente pura, de la vida natural. En este sentido es antológica la descripción inicial del renacer de la Primavera (equivalente del amanecer del libro anterior), seguida inmediatamente de la representación de la violencia y de la injusticia. Esa denuncia moral pretende alcanzar la connivencia del lector ante una realidad compartida y presentada a través de una abundancia de deícticos. Conviene tener presente la lectura a posteriori del autor mismo: «En *La rueda y el viento* se desarrolla una exposición panorámica de un mundo en general carente de amor, salvo raras excepciones, y sobrado de egoísmos, envidias, esclavitudes, mentiras, injusticias, etc., todo ello siempre renovado a lo largo de las sucesivas edades sin que ningún estrato social se salve»[17].

Tras un nuevo lapso de prolongado silencio editorial, Rafael Morales incluye *Prado de serpientes* como libro inédito en su *Obra poética*, compilación de 1982. Dos características llaman la atención en esta nueva entrega: el acercamiento otra vez a la realidad cotidiana, por lo que la poesía habla de experiencias que tienen su fundamento en la realidad biográfica del autor; junto a esto, la vuelta al poema breve, que condensa un momento de contemplación, que centra y resalta un objeto, sea éste vivo o inerte. Alcanza ahora Morales un grado todavía mayor de precisión y de intensidad líricas, avalado por la contención emocional y aligerado en su lenguaje, gracias al recurso sistemático del verso libre y sin rima, lo que le confiere una flexibilidad y sutileza que otras formas estróficas podían estorbar.

Prado de serpientes ofrece, ya en su título, una clave de desengaño, el cual, pese a su origen en una cita del llanto de Plebeño en *La Celestina*, no se refiere a la sociedad y tampoco a la crueldad del mundo, sino al tiempo mismo y a la mengua de las ilusiones juveniles (que se mantenían tenaces debajo de su amarga exposición de la realidad descrita en su obra anterior)[18]. La poesía alcanza así un grado superior de intimismo reflexivo, al ser su objeto de contemplación la realidad en su devenir o el devenir mismo de la realidad, con su ya sabido

---

[17] La cita pertenece a la antología *Por aquí pasó un hombre*, pág. 133. Este carácter de poesía sociomoral (y no de «poesía social», como distingue Morales) era más evidente en la nota preliminar que introducía el libro *La máscara y los dientes* en su primera edición al insistir en el nosotros como sujeto de las deficiencias, fracasos y sobre todo de «nuestra lamentable falta de amor y de confraternidad».

[18] El valor semiótico del título ha sido analizado por A. Romarís en su artículo: «Título y co-texto en un poemario de Rafael Morales», *Revista de Literatura*, LVII, 113 (1995), págs. 145-154: «Una primera lectura de *Prado de serpientes* nos confirma la analogía semántica existente entre el título y su propio co-texto. La doble isotopía connotada de aquél (positiva, la primera; negativa, la segunda), a partir de los operadores simbólicos *prado/serpiente* se concreta en varias oposiciones binarias (pasado/presente, juventud/vejez, plenitud/decadencia, alegría/tristeza) expresadas directa o simbólicamente, pero en todo caso reducibles a dos semas básicos: vida/muerte» (págs. 148-149).

contraste entre recuerdo y olvido, ahora como elementos de una tensión vital, interior, que se hace materia estética. Si comparamos estos poemas con las composiciones de los libros anteriores, advertimos que los verbos aparecen con frecuencia en pretérito, frente al presente histórico y narrativo, y que los deícticos pasan del inmediato «he aquí» al distanciado «allí». Los títulos de algunos poemas son reveladores de su contenido, por ejemplo: «Recuerdo» y «La memoria».

Sin embargo, no desaparece la realidad presente, observada con el amor y el cuidado de su sensibilidad habitual, sea un gato negro desvalido, el atardecer en el parque o el frutal territorio del cuerpo femenino. La emoción que domina, tanto la contemplación como el recuerdo, es característicamente elegíaca. Y dentro de ella se verifica un nuevo giro en torno a su habitual eje de tensión entre el vitalismo (gozo por la belleza y la plenitud del amor) y el pesimismo (amenaza de frustración que siempre acompaña a la realidad). Y en este sentido el autor ha ofrecido la siguiente interpretación del primer poema, «Adolescencia», pero que en realidad abarca al libro en conjunto:

> [...] el muchacho que era entonces el poeta goza de la luz esperanzadora del día que está llegando... Más tarde verá también el desamparo de los débiles... y padecerá otros dolores y crueldades del mundo y, aunque busque el amparo de las cosas, siempre debatiéndose entre la esperanza y la desesperanza, débil él mismo, terminará inmerso en la niebla y el invierno, mientras contempla la amortiguada luz de atardecida[19].

Resalta en este texto la alusión a los símbolos y personajes que condensan algunos de los núcleos de significado. Así, la luz del alba, frente al ocaso, se identifica con la vida (el nacimiento) y con el amor, o mejor, con la amada como luz de la vida: «El día está naciendo de tu nácar temprano.» Luego se verá la natural expansión de este núcleo significativo. Pero valga ahora trazar otro recorrido entre el comienzo y el final de este *Prado de serpientes*. Se abre con el elogio de la luz como

[19] En su antología citada, pág. 152.

ofrenda de la vida y se cierra con la consideración de la palabra (poética) como edificio construido sobre cimientos de olvido. Luz y palabra (y palabra como luz) serán a partir de ahora dos claves persistentes y simbólicas de la poesía de Rafael Morales y de su poética, que culmina en su último libro. Y entre ambos extremos del libro se produce el continuo hilar de la visión del presente hacia el pasado:

> Por el amargo amor de la memoria
> regreso peregrino
> al tiempo aquel...

El tiempo presente es ahora, sobre todo, el de la escritura, (a veces superpuesto con el tiempo de la mirada), el de la evocación y el que permite, por consiguiente, fijar el recuerdo en la palabra: «aire tan sólo que al aire pertenece».

Caben aún otras consideraciones generales, al tener en cuenta la presencia del yo lírico en los poemas y el grado de realidad presente en ellos. Al comienzo de la obra de Morales, se corresponden el yo y la realidad en la unidad afectiva del espíritu, aunque parece que es aquélla (toros, desterrados, objetos materiales) la que centra los enunciados líricos. Luego, esa realidad sufre un proceso de abstracción a la vez que desaparece el yo lírico personal, aunque esté implícito en los modos del discurso poemático. A mi juicio, *Prado de serpientes* supone una vuelta, pero no simplemente circular, sino en otro plano, al comienzo, gracias a una nueva experiencia. Porque en la correspondencia del yo poético y la realidad, el centro se sitúa ahora en el primero de los términos: la realidad es ya la vivida subjetivamente y evocada, contenida y rescatada como parte esencial del yo que escribe. Es una realidad interiorizada y que vibra en la percepción concomitante de la temporalidad. Dentro de ese fluir, simultáneamente hacia adelante y hacia atrás, el poeta se acoge a una certeza:

> Yo me entrego a las cosas,
> me afilio a sus ofrendas temporales,
> recorro sus países
> para saber que por su amparo existo.

La historicidad anterior se ha entrañado ahora en temporalidad[20].

Pero la tarea fundamental como poeta es la de hacerse a sí mismo (memoria y sentimiento) en la palabra. Y así, el yo lírico es también el yo del lenguaje. Aquel que comenzaba con la luz en la adolescencia y se abría a la belleza del mundo queda ahora como hilador del tiempo pasado en la devanadera de las palabras. Hay, por tanto, otro movimiento de interiorización: del yo de las cosas al yo de las palabras, que abre la posibilidad de una nueva exploración (que es la que da origen al arranque del libro siguiente). La identidad, nunca completa, del yo y de la poesía (a través de la distensión del tiempo) se dice así:

> Yo fui quedando en mis palabras...
> Yo fui quedando en otras vidas,
> penetré en la memoria y en el tiempo
> palabra tras palabra...
> Yo edifiqué mi vida en el olvido.

El comienzo y el final de *Prado de serpientes* nos indican, pues, la recuperación y elevación de la poesía de Rafael Morales a un nuevo grado de lirismo, de densidad y pureza del decir, y, a la vez, establecen una tensión sutil entre la realidad y su esperanza ante ella («Adolescencia») y la irrealidad de lo ya vivido y el olvido («Palabras»), entre el quedar y el perder, que es lo mismo en el caso de la poesía: un quedar perdiendo.

Tras otros once años, Morales publica su libro *Entre tantos adioses,* el más extenso —pues dobla en número de composiciones a *Poemas del toro* y a *Canción sobre el asfalto*—, el más complejo en su ordenación y el más sutil en la calidad de las emociones. Porque la parte humana y la poética del sujeto, la materia y la estética se funden en un verso ligero, que alivia, sin ocultarla, la gravedad de su pensamiento y de su dicción. El primer texto es ya una poética —algo hasta ahora insólito

---

[20] Comenta A. Romarís, art. cit.: «El hablante lírico de *Prado de serpientes,* ya en la vejez, se autodefine como un yo *desterrado* o *exiliado* de la patria o paraíso que fue su juventud» (pág. 149). Aunque esto, poética e históricamente, parece más bien discutible, se percibe esa tendencia.

en la obra de este autor— en la cual continúa la idea del poema final del libro anterior: escribir es caminar hacia el olvido. Pero en su coda (con referencia a Baudelaire) introduce el tú necesario, la apelación al lector, que da nueva vida a la palabra al leerla. Y, a partir de aquí, en este libro se recuperan la presencia y el poder evocador del tú, tanto inicio de la composición del poema (amada) como término de su recepción (lector). Y si el yo lírico se deja llevar, en buena medida, por el sentimiento elegíaco de las cosas perdidas, el tú lo vuelve a situar cada vez en un horizonte de realidad y aun de plenitud siempre limitada y siempre amenazada, pero concreta y creativa y, por ello, *invicta.*

La publicación de ese libro propició una serie de elogiosas críticas que ponían de relieve lo que venía a aportar: la esencialidad y depuración de los poemas, la claridad de su lenguaje y la orientación hacia la palabra. A este respecto, Manuel Alvar escribía: «Éste es un libro de palabras, o, mejor dicho, el libro de la palabra...Como una explosión de claridades las palabras de Rafael Morales tienen la presencia virginal de una creación no gastada. Para mí aquí está el prodigio de sus hallazgos poéticos»[21]. Por su parte, Fernando Lázaro señaló la esencialidad que «desviste los versos, obligándoles a ser sólo por sí no por ornamentos visibles»[22]. Más concretamente, Francisco J. Díez de Revenga resalta la importancia de «El poema», del que destaca tres conceptos básicos: la poesía como memoria, la poesía como trabajo hecho en soledad, la poesía como comunicación con el lector, colaborador necesario[23].

---

[21] Manuel Alvar, «La palabra liberada», *Blanco y Negro,* 3893 (6 de febrero de 1994), pág. 8. El siguiente artículo también lo dedica al libro de Morales: «Paciencia hacia la muerte», *Blanco y Negro,* 3894 (13 de febrero de 1994), pág. 8.

[22] Fernando Lázaro Carreter, «*Entre tantos adioses* de Rafael Morales», *ABC Cultural,* 74 (2 de febrero de 1993). Y en un sentido convergente, E. Alarcos Llorach (art. cit. en nota 13) habla de «brevedad e intensidad», y también Emilio Miró, «Elegía y celebración», *Turia,* 26 (1993), págs. 285-288. Con mayor distancia —generacional y estética— Guillermo Carnero ha apreciado también esta poesía de Rafael Morales al reconocer el interés que suscitan en el lector actual esos breves poemas impresionistas, más allá del valor histórico que reconoce a sus primeros libros: «Rafael Morales: *Por aquí pasó un hombre*», *El Cultural* (16-22 de enero de 2000), pág. 10.

[23] F. Javier Díez de Revenga, «Rafael Morales: Poesía y poética», *Hesperia. Anuario de Filología Hispánica,* III (2000), pág. 33.

De esta forma es posible volver a definir, en este punto, la nsión básica que articula el significado de la poesía de Rael Morales ya desde aquella furia detenida y aquel impulso ontenido del toro bravo. Hay aquí y ahora, por un lado, cier- sensación de irrealidad (fuga de realidad) por el tiempo ido ue obliga a una despedida y la anticipa. Por otro lado, está la alidad de ese tú constituyente, definidor de toda realidad resente por el gozo de su presencia. Y si antes he identificao el yo lírico con su palabra, ahora hay que decir que la pabra viene del tú (de la amada) junto con la luz (y cada vez aproximan más ambos términos en sus valores simbólicos). si el tú es el origen de la palabra es entonces el origen y susnto del yo poético:

Gozo es existir
en tu palabra
cuando dices mi nombre
y llegar a la luz
desde tu sangre.

Y el poeta devuelve palabra por palabra al nombrar toda alidad con el nombre amado. De ese modo se compone iora aquella persistente estructura de oposición dinámica, tensión con que se percibe y expresa el mundo: alegría ontra tristeza, luz contra oscuridad.

A partir de aquí, puede ser suficiente observar la ordenaón de los poemas y los títulos de las secciones del libro, porie en cada uno de ellos se cifra el dominio de uno de los pos de la oposición como tema dominante, mientras el otro olo resuena con eco de armónicos. «Aurora tenaz» es una fe síntesis verbal para sugerir ese mantenerse y renovarse del ozo y del amor, aunque amenazado por el tiempo. Triunfa esa sección el éxtasis de la luz y la vida como poesía. Del ismo modo se recoge la experiencia del mundo y de la beza natural en «Patrimonio de lo ojos», que canta la exacta enitud y la tibia maravilla de las cosas. («Tibia» era un adjeo usado con sentido muy positivo en *Poemas del toro,* equilente ahí de vida y de ternura, que ahora se aplica a un susntivo abstracto que vale para todas las cosas y aun para la pacidad del sujeto de maravillarse. Recordemos que *tenaz*

era también un término de empeño y de esfuerzo continuo
contenido.) También el tiempo se suspende o se finge. Sin en
bargo, y pese a todo, ha de reconocer que «efímera es, si
duda, la amada maravilla de las cosas».

Éste es el otro costado del libro, que deja sentir más el pas
del tiempo y su desgaste en otras dos partes. «Raíces» y «Patr
de la ceniza» vendrán a coincidir de este modo:

> Ciudad, mi amor, mi amante
> [...]
> donde retorna ahora
> mi corazón insomne
> gimiendo en los alfares
> entre tanta ceniza.

Pues el poeta sabe y dice de nuevo que «fugaz es la conc
ta / gracia de lo tangible». En los dos títulos, tanto «raíce
como «patria» aluden a un lugar donde se está y desde el cu
se vive; y, por tanto, se rescata la realidad pasada como verd
dera. En «Raíces» el yo poético se identifica con las person
y las cosas gracias a la memoria, que, en su profundidad
tiempo, es todavía valedora del pasado. En «Patria de la cen
za» se canta la Belleza abrasada por la acción ígnea del tien
po, pero salvada por la memoria: la ceniza no es la nada y
memoria aparece como un territorio habitable y acogedor. E
estas dos partes, por tanto, es la memoria la función princip
del vivir poético, impregnada de tristeza y grávida de pregu
tas. Porque ni la realidad ni el lenguaje que la refiere perman
cen idénticos a sí mismos: «no siempre un nombre / signifi
lo mismo». Si antes era la mirada directa y detenida sobre l
cosas el aspecto central que soportaba su poesía, ahora es la m
rada introspectiva, sorprendida y temblorosa, de la memori
En uno y otro caso se verifica la misma función poética.

Separando y juntando, a la vez, estas dos partes se inse
en el libro un «Homenaje» a algunos poetas, apreciados p
Morales y reconocidos a veces en la amistad. De nuevo
cumple la condición general del libro, pues la poesía está p
sente gracias al recuerdo, que contrasta con la ausencia defi
tiva de la persona, ya que son poemas *in memoriam*. A la ve
el recurso a una serie de juegos miméticos e intertextual

con los rasgos propios de los poetas evocados, se nos ofrece como un modo de diálogo, como la interrelación abierta y creativa del tú y el yo poéticos, tan cambiante pero tan persistente en todo el libro, pues se refiere a la madre, la ciudad, la esposa, los amigos y aun el lector.

Como síntesis de este libro quiero resaltar la dignidad humana (nuevo rasgo del aspecto moral, nunca olvidado por Rafael Morales) y la precisión poética con que se reconocen y expresan la elegía —que no lamento— y la melancolía de una larga despedida. Y unos pocos versos, pertenecientes a dos composiciones, me parecen el más acertado resumen de estas cualidades que reúnen de nuevo los rasgos caracterizadores de toda su trayectoria: «comprendo que he perdido / todo lo incierto que llamé esperanza» y «en mi presente asumo / lo efímero del gozo / y su tristeza».

Finalmente, a los sesenta años de sus *Poemas del toro,* regresa Rafael Morales con otra colección: *Poemas de la luz y la palabra* (2003). Se trata de una entrega dividida en dos partes, como señala ya el mismo título, compuestas respectivamente por trece y dieciocho breves composiciones, en verso libre aunque domina el ritmo de base heptasilábica. Aquí, la luz y la palabra dan cuenta, conjuntamente, de lo que es la poesía para el poeta, como revelación del ser que se cumple en la plenitud del decir. Ya adelanté que la reflexión de Morales sobre este aspecto revelador de la poesía aparece en su última etapa. Y en esta obra alcanza una gran altura, limpieza y precisión en su forma poética. Otra cualidad que apreciamos fácilmente en el libro es el gozo, tanto de la vida como de la palabra. Porque en este momento, el poeta del decir denso ha levantado la mirada y ha suspendido su voz en lo alto del asombro, para hacer poesía de lo que es condición del ser y del canto: la luz y la palabra. Y ambas realidades —como dimensiones de la vida— se conjugan en la presencia de la amada, en el gozo mismo del amor. Porque el decir poético es un decir amoroso, el «canto de amor» con que el propio poeta define el conjunto de su obra. Tal vez por esto el libro, sin excluir la presencia del tiempo y de la muerte, parece escribirse y conjugarse en un presente inmediato, en una dicha que enlaza más íntimamente que nunca la visión y la creación. (Véase luego el esquema en que cifro su poética.)

Identidad y proceso: una perspectiva general de la obra

A partir de esta descripción, que ha querido trazar el perfil poético del autor, cabe preguntarse qué nos dicen los datos, si queremos resumir y fijar el desarrollo de su trayectoria.

Ante todo, volvamos a la lentitud o morosidad en la escritura y en la publicación. Podemos pensar que es un poeta perfeccionista, que cuida y precisa todos los elementos de su composición y lenguaje. Tal impresión es cierta, y se corrobora al comprobar la exactitud de sus estructuras, la perfección rítmica y melódica del verso y la congruencia de las rimas. Pero esto sólo no es razón suficiente. Su actividad creativa ha quedado limitada, en el número y en la cantidad, por dos factores: uno, más íntimo y decisivo, la coherencia estricta de su mundo poético en unos límites marcados muy tempranamente, que ha crecido y se ha completado sólo por decantación, no por acumulación de nuevos temas o contenidos; el otro, circunstancial, las diversas actividades docentes y editoriales en que se ha visto obligado a figurar para atender al sustento cotidiano.

Sea cual sea la forma de describir su proceso, volvemos a la unidad de la obra poética de Morales, unidad que implica llevar al límite y a culminación el tratamiento de una determinada materia. Ante un auditorio de estudiantes dice así: «Al leer mis poemas observo que la mayor parte de ellos, en su fondo, no son más que pura afectividad, es decir, un canto de amor a las cosas, a los animales y a la humanidad.» Según esto, la unidad de la poesía de Rafael Morales está en una particular reacción emocional ante la vida (en la que se participa), a lo que se añade un lenguaje expresivo propio y reconocible[24].

Si se resalta la unidad de su obra, hay que referirse también a la consabida, y generalmente admitida, división en tres eta-

[24] Véase Rafael Morales, *Reflexiones sobre mi poesía,* Madrid, Universidad Autónoma, Escuela Universitaria de formación del profesorado de EGB Santa María, 1982, pág. 10.

pas o momentos. Esta segmentación es tenida en cuenta y aceptada por el propio poeta; por ejemplo, en la antología reciente *Por aquí pasó un hombre*. Y es indudable que tiene una coherencia, cuyas razones han quedado expuestas en el apartado anterior[25]. La primera etapa cubre unos doce años, entre 1943 y 1954, y está formada por libros relativamente breves, ya que su contenido oscila entre los 18 y los 26 poemas. En total, menos de cien composiciones, entre las que abundan los sonetos. La segunda etapa viene conformada por los dos libros unitarios o «lirodramas»; es de larga duración (1954-1972) pero de menor resultado editorial. El tercer tiempo se inicia con la publicación de *Prado de serpientes* y se puede alargar hasta el momento actual, con *Entre tantos adioses* (1993) y *Poemas de la luz y la palabra* (2003).

Pero me parece posible revisar —de un modo que no sea un puro nominalismo o bizantinismo— esta consabida división. Aunque la secuencia cronológica de los libros y su coherencia interior están bien conformadas y establecidas, el término mismo «etapa» sugiere una diferencia o cambio después de que se modifiquen de manera significativa y apreciable temas, lenguaje o poética. Una obra como la de José Ángel Valente, por ejemplo, puede ser dividida en «etapas», aunque sería discutible hacerlo en el caso de Ángel González y a mi juicio resulta inapropiado para Claudio Rodríguez. Lo mismo ocurre con Rafael Morales, quien puede ofrecer esos tres momentos —antes referidos y descritos— más como ciclos poéticos que como etapas, es decir, momentos determinados por una progresiva vuelta, profundización y decantación de temas y lenguaje, y no como sucesión de ellos. Pero, como anticipé en mi trabajo para el encuentro de Málaga, se puede proponer todavía una corrección más severa a este esquema y trazar una línea divisoria en 1982, con la publicación de *Prado de serpientes*. Las diferencias entre el antes y el después las señalo ahí, pero se resumen en el cambio de mundo y de relación del yo poético con ese mundo real, junto con una in-

[25] Véase cómo Morales ratifica la división en su Antología: *Por aquí pasó un hombre*, pág. 151.

flexión del verso y del poema hacia formas más libres y espontáneas, tal como he explicado en el apartado anterior[26].

Todavía cabe la pregunta: supuesta la unidad que afirmamos, ¿hay alguna razón o explicación convincente para hablar de cambio de ciclo? (ya que definitivamente prefiero este término al de etapa). Parece que se pueden proponer dos razones complementarias, una más extrínseca (aunque no insignificante) y otra más intrínseca. La primera tiene que ver con la edad y con la evolución vital de la persona del poeta. Y así advertimos que su primer ciclo corresponde a la juventud que se abre hacia la plenitud de la madurez (de los veintiún años a los treinta y cinco); el segundo —si mantenemos la división convencional en tres— corresponde a esa madurez (de los cuarenta y tres a los cincuenta y dos años); el tercer período, a una cierta senectud, todavía muy incipiente y de carácter más bien «literario» en 1982 (con sesenta y tres años), y más acusada, y vitalmente exacta, en la última entrega. La división en dos momentos es igualmente posible en este planteamiento, uniendo juventud y madurez y trazando una línea de cambio progresivo a partir de los años finales de la década de los sesenta. Pero esto no es más que un esquema temporal que hemos de llenar con un contenido poético y la forma de expresión correspondiente.

A la etapa de juventud corresponde el descubrimiento del mundo y la respuesta poética ante ese descubrimiento, que surge sorprendentemente madura en su primer libro. No es un descubrimiento inocente y directo, sino mediado ya por el aprendizaje en la poesía de los grandes maestros. De ahí que se plantee como la escritura de la vida —nacimiento, desarrollo, dolor, destino, lucha, muerte— en la figura del toro. Inscripción de lo vital en el tema literario previo. De alguna manera es una visión trágicamente existencial y atemporal. En sus siguientes libros la humanidad y su dolor aparecen directamente y por ello la escritura se vincula más al tiempo histórico y a la inmediatez de la visión y la experiencia.

---

[26] José Paulino, «Rafael Morales: la persistencia de una mirada sobre el mundo (1943-2000)», *Poetas en el 2000. Modernidad y transvarguardia*, Málaga, Publicaciones del Congreso de Literatura Española Contemporánea, 2001, págs. 255-268.

El segundo ciclo, o segunda singladura del mismo ciclo, procede en un doble sentido: por un lado, pretende reconstruir poéticamente ese mundo ya cantado a través de una forma que podríamos llamar experimental, sin que la propiedad y características de su lenguaje cambien; por otro, la abstracción figurativa a que somete la materia le lleva hacia la destemporalización. En ambos sentidos se aprecia un fenómeno diferente pero similar al que produjo su primer libro: la realidad de la vida humana se escribe y se inscribe en el marco de una figuración dada previamente como sistema literario: allí era el mito táurico (que en su ciclo vital trazaba el curso de toda vida), y aquí el sistema alegórico del individuo —como representante de la especie— y del día, como símbolo de la existencia del nacimiento a la muerte. Una forma moderna, y aun experimental, para un recurso universal y renacentista o barroco, por ejemplo. Con esto, creo que es legítimo considerar ese momento de madurez como desarrollo (y no avance o cambio) del momento inicial y de plenitud anterior —momento fundacional— de Rafael Morales. Y por ello, dentro todavía de una unidad fundamental de materia y perspectiva. Y aun de forma. Porque ese experimentalismo no cambia el estilo ni el rigor descriptivo de su lenguaje. La estructura poética, unitaria ahora, quiere reproducir la estructura misma de la vida, no los elementos sueltos u ocasionalmente contemplados. La consecuencia es que desaparece la proximidad a un tiempo histórico concreto y el poema trata el tiempo como esquema, más de construcción que de vivencia. De esta manera, dos pilares básicos de la poesía de Rafael Morales, la emoción a flor de palabra y la cercanía al momento presente, se desdibujan. Por encima de los aciertos líricos y expresivos (los fragmentos antes citados valen también de ejemplo) se impone la evidencia de una construcción predeterminada.

Como he dicho antes, a partir de *Prado de serpientes* se verifica una cierta vuelta hacia el origen, por esto hablaba de ciclos, pero en un nivel y con una perspectiva diferentes. Vuelta de nuevo a la observación amorosa de la realidad, a la visión inmediata y concreta de las cosas, convertida en canto, en expresión lírica —intensa y contenida— con una ganancia también importante: la soltura en la voz y el dominio de un verso más libre y variado, más flexible para adecuarse a la materia que se canta. Aparece básicamente el mismo mundo urbano, no necesariamente suburbial —con los cambios que van de los años cuarenta a los setenta— aunque ya no es exactamente el mismo poeta: su auténtica y decantada emoción transita ahora por la reflexión, deviene más depurada humanamente, porque introduce los dos elementos de mediación que antes señalé: el recuerdo, es decir, la conciencia de sí mismo en la distancia, al contemplar el mundo; y la reflexión sobre la misma poesía. El tiempo vuelve a ser ahora un factor de presencia constante, pero, a la vez, distinto de los dos modos anteriores (inmediatez del presente histórico y esquema conceptual). Es el tiempo como vivencia personal, sentido, que se inicia precisamente en pretérito, a partir del primer poema, con su deíctico de alejamiento: «Allí, qué hermoso era...» Desde este mero comienzo se empieza la construir esa nueva forma lírica de representar el mundo. Un ejemplo puede ilustrar este cambio.

En el libro *Los desterrados,* un poema describe el patetismo de quienes recuerdan, porque «recordar no es volver a vivir, es ser lo ido». El poeta parece ponerse en el presente y contemplar compasivamente a quienes ya sólo son capaces de esa existencia fantasmal de la memoria. Y sigue: «Recordar es morir, vivir la niebla / de lo que fuimos ya...» Son afirmaciones universales, entre la forma impersonal y la colectiva del plural. Pero en su libro *Prado de serpientes* esta función vital de contemplación del tiempo pasado aparece interiorizada: la tensión de la vida encuentra un espacio acogedor en sus recuerdos: «...yo extiendo mis cansadas raíces / en la sombra más tierna, / en el frágil amparo del recuerdo». Y aunque mantiene la nota de tristeza y de pérdida —«el recuerdo es triste / como casa sin nadie»—, su estatuto vital está ahora lleno de sugerencias, pues recordar no es entrar sólo en un territorio fantasmal y desolado, sino evocar en el presente una plenitud no del todo clausurada, que da origen a la escritura: «Recordando / en mi casa, / ahora escribo / en mi mesa...» porque la escritura contiene y sostiene precisamente la fugacidad, es «sólo memoria pura / de un instante del hombre».

Este proceso se amplía y desarrolla en *Entre tantos adioses* y culmina en su obra final, ya que los *Poemas de la luz y la palabra* muestran la decantación y sutilidad máxima por la identidad triádica de yo-palabra-mundo en el grado más alto de desmaterialización, que prescinde de la descripción y de casi todos los elementos cotidianos, aunque sin excluirlos enteramente. De ahí que la contemplación de la belleza aparezca también más limpia y directamente, sin el esfuerzo de hallarla debajo o detrás de las cosas, y la unidad de realidad y conciencia poética se expresa con la relación de los símbolos: «la luz de la palabra».

Relevancia histórica y definición poética

Quizás sea una nota perfectamente clara en la obra de Rafael Morales esa su fidelidad a una poética de lo humano, pero esto necesita aún cierta precisión, ya que pensar —como diría Jorge Guillén— en una poesía no humana o *deshumana* es imposible y absurdo. En todas sus manifestaciones él ha insistido en la integración del doble plano: vida y poesía, sujeto humano y sujeto lírico, emoción humana y emoción artística. Esto sería entonces lo propio de su poética y lo peculiar de su poesía: la coherencia y tenacidad con que ha mantenido esa poética inicial.

La cuestión se plantea históricamente como el hallazgo de un paso viable y personal entre los escollos del momento, es decir, entre la poesía neoformalista del grupo garcilasista y la amenaza del prosaísmo, del puro grito de desgarro y de protesta. Y ese camino, anunciado por Miguel Hernández, desembocó en la vuelta al sentimiento como contenido de la poesía y en la ampliación de los temas con elementos vitales y cotidianos. Es lo que, en definitiva, se ha llamado «rehumanización», término que el propio Rafael Morales emplea y considera adecuado para exponer lo que fue el propósito suyo y de otros poetas coetáneos de la posguerra[27]. Pero a este

[27] «Preocupación mía también, y creo que de toda mi promoción, ha sido siempre la que con mayor o menor acierto se ha venido denominando la humanización de la poesía. Creo que esta denominación no tiene más sentido que destacar la preocupación del poeta por poner de relieve en el poema su propia emoción humana, en vez de distanciarla u objetivarla, como en algún tiempo fue moda», *Reflexiones sobre mi poesía,* pág. 12.

propósito creo que se debe también otro de sus postulados: la dicción clara, la imagen comprensible y adecuada, el verso medido (regular o no) preciso e intenso, es decir, la poesía abierta y potencialmente comunicable[28]. Y esto también es «rehumanización», frente al mundo más cerrado de la lírica de los años veinte. Rafael Morales insiste, con motivo de la publicación de su último libro, en la voluntad expresa de comunicación en su poesía, en su destino claro hacia el lector.

Lo que queda fuera es todo planteamiento de poesía irracionalista, puramente experimental, o metapoética. Incluso los elementos de la cultura están muy sobriamente referidos o incorporados, a veces sólo aludidos. Pero falta una precisión: el mundo referido es, sobre todo, humano en sus dimensiones sociales —más que naturalmente natural— y el modo poético se establece mediante una mirada entrañada que integra en el mundo de significación y afecto humanos todo material ajeno. Y así comienza con la humanización misma del toro. Procedimiento, en este caso proyectivo, que vuelca en el ser natural la experiencia de la conciencia de un sujeto humano.

A partir de aquí los rasgos que caracterizan y precisan el término «rehumanización», en su caso, pueden enumerarse de esta manera:

1. Interés directo, inmediato y permanente por la condición humana, tal como aparece en las precisas circunstancias históricas que conforman su presente; y, en especial, por el destino de los seres humildes y desvalidos. Lo más «humano» de lo humano, que diría Ortega, era la compasión, la participación en el dolor. Pues ésta parece ser la raíz de la poesía de Morales, y por ello es adecuado el término, precisamente por su oposición a Ortega (o al menos a una manera de entender el diagnóstico de Ortega). Algunos críticos hablaron incluso de sentimientos cristianos de caridad, en relación con *Canción sobre el asfalto*.

2. Ese interés se muestra por una intensa y frecuente mención de rasgos y condiciones sociales, aunque no considera-

[28] Este retorno a lo afectivo y a la claridad supone, como es patente, una atención a la mayoría, pero que considera y matiza como una mayoría «ideal» (*ibíd.*, pág. 11).

›s en función del conflicto de clases, como se entendió en-
nces y poco después. Es, más bien, una poesía donde lo so-
al y las categorías sociales resultan existenciales, en cuanto
fluyen y cualifican el destino y el ser mismo personal.

3. Morales incorpora al poema una fuerte carga sentimen-
l, afectiva y emocional como rasgo propio del sujeto lírico
ıe aparece en su lenguaje. La consideración de «neorromán-
:o» es un indicio de esto. No considera, como él mismo ha
petido, que esto haga mejor la poesía; pero desde luego no
hace necesariamente peor.

4. Recupera los temas tradicionales, que dan consistencia
stórica a su poesía, tratados, sin embargo, desde las exigencias
:l momento y no desde la idealizada intemporalidad garcila-
ısta. Valga su primer libro, que recoge, sin necesidad de expre-
›nes directas, el dolor, la angustia y la presencia ominosa de
ı destino sobrevenido.

5. Su lenguaje expresivo no rehúye los términos de refe-
ncia vulgar y cotidiana, insiste en la adjetivación emocional,
ansmite la tensión conceptual al modo barroco y la corres-
›ndencia metafórica con los objetos o realidades nombra-
›s resulta perfectamente accesible.

6. Cabe incluir finalmente, en esta relación, la alternancia
ıtre una poesía en tercera persona, más descriptiva o enun-
ativa (que puede referirse a realidades materiales o a algo tan
ıtrañable como el ser amado), y una poesía en segunda per-
ına, donde la realidad cantada es personal o se subjetiviza en
ıa relación íntima. Es evidente en el caso de un ser personal,
:ro ocurre también cuando se dirige al toro («Ya estás en el
ıedo», «Miré tu piel nocturna», «Una mano de niebla teme-
›sa / llega a tu corazón doliente y fría») e incluso a objetos:
ı'u curva humilde, forma silenciosa / ... / desde tu corazón la
:na envía / el llanto de lo humilde y lo olvidado.» La metá-
›ra del corazón, aquí, determina la referencia connotativa y
nocional a una intimidad del objeto mismo.

Un episodio, propio de la crítica literaria del tiempo, es la
›nsideración de la poesía de Morales como «tremendista», a
íz, sobre todo, de la publicación de su segundo libro. Estaban
ctores y críticos muy próximos a la impresión provocada por

la novela primera de Cela, *La familia de Pascual Duarte* (194 con escenas de gran violencia y referidas con un lenguaje de e presión directa y aun brutal, donde la condición humana mostraba en toda su descarnada miseria. Con este precedent se adjudicó el término «tremendista» a *El corazón y la tierra,* q insistía en temas de dolor, desgarro o violencia (aunque fue emocional y no física) y que acudía a un léxico lleno de térn nos fisiológicos y corporales, de adjetivos como «desmesu do», «tremendo», y de hipérboles cósmicas. El primero en cara terizar así esta poesía parece haber sido Antonio de Zubiaur Lo hace con estas palabras:

> Hay, sobre todo, y esto es prolongación del primer libro, impresionante afán hacia lo trascendente y grande, hacia fuerte y violento... Llamamos nosotros a esta afición obsesi de hoy el *tremendismo.* Es un sintomático fenómeno al que die se sustrae... Se quiere abarcarlo todo, mezcla a Dios y Cosmos en el desbordamiento. Esta ansia *de fondo* clama lu go por sus adecuados vocablos[29].

La misma denominación se aplicó también a los poetas la revista *Espadaña.* Y es de notar que, pese a la relativa aparente semejanza, Morales sólo publicó un poema en cha revista.

Desde luego, esta consideración crítica incluye una denunc del peligro que acechaba a la poesía. Y unos años después, más detenido artículo, Enrique Casamayor vuelve sobre el co cepto, cita a la letra la caracterización de Zubiaurre y añade: «U poeta tremendista, quizás el más representativo del tremendism poético, es el talaverano Rafael Morales.» Y sobre su obra dict mina: «*El corazón y la tierra* es, en fin, la cumbre de un tremend mo elemental y oscuro...»[30]. No es preciso seguir citando. Se no la ausencia, en algunas de estas reflexiones, de autores precede

[29] Antonio de Zubiaurre, «*El corazón y la tierra.* Segundo libro de Rafael M rales», *La Estafeta Literaria,* 29 (25 de junio de 1945), pág. 13. Antes de su apa ción en volumen, una parte de esta obra fue publicada, con el mismo títul en la revista *Fantasía,* 5 (1945), págs. 6-11.

[30] Enrique Casamayor, «Tremedismo poético», *Cuadernos Hispanoamerican* 3 (mayo-junio de 1949), págs. 747 y 750.

:s, como Pablo Neruda o Miguel Hernández, aunque sí se men-
.ona a contemporáneos tan próximos como Dámaso Alonso.

Este interés por acuñar un término crítico nos habla de na situación social y literaria en que se intenta caracterizar ıs obras a partir de presupuestos propios, como si en la crí- ca también se quisiera partir de un estado nuevo, sin pasa- o. Claro que cabe considerar la dificultad para integrar la isión negativa y difícil que el arte proponía dentro de una leología triunfalista del tiempo. El concepto iba a ser reba- do y la cuestión puesta en otra perspectiva, menos inme- iata, por José Luis Cano, en varias reseñas. Ya en una breve ota señala que el carácter verdadero de esta poesía es su ıeorromanticismo». «Quizá sea Rafael Morales, entre nues- os jóvenes poetas, el que con más sinceridad encarne, fren- : a la tendencia neoclasicista de muchos, el movimiento que odría llamarse neorromántico»[31]. En estas palabras se aprecia ue el contexto poético de la posguerra es determinante: si na tendencia era «neoclásica», la contraria se definiría como ıeorromántica». ¿Tenía alguna razón propia esta referencia o :a un modo de situar tendencias opuestas en relación expli- ıtiva con tradiciones establecidas? José Luis Cano cree en la ızón genética y así lo repite posteriormente:

> La expresión desmesurada y el uso de vocablos violentos... no son ninguna novedad de nuestra lírica. El tremendismo lo tomó, no de nuestros poetas neoclásicos, que suelen emplear un vocabulario bien distinto, sino de nuestros románticos extremados, tipo Pastor Díaz o la Avellaneda, o de un prerromántico, como Cienfuegos[32].

De esta manera, el episodio nos sirve para ver las diferentes :titudes de la crítica respecto de la poesía de Rafael Morales para percibir la variada raíz tradicional de su inspiración, ınque la progenie particular que Cano le atribuye parece de- ıasiado rebuscada, teniendo en cuenta la edad y condición : nuestro poeta.

---

[31] José Luis Cano, «La poesía de Rafael Morales. *El corazón y la tierra*», *Ínsu-* 8 (1946), pág. 6.

[32] *Ínsula*, 105 (1954), pág. 6.

En época más reciente, García de la Concha ha recorrid de nuevo esta primera etapa de Morales. Señala coincident mente que ya en *Poemas del toro* se da un *pathos* neorrománt co que incorpora «elementos imaginativos y formales de l tensión barroca»[33]. La publicación posterior de *El corazón y* *tierra* ratifica tanto la «homogeneidad unitaria de su visión como la retórica formal en que se expresa. Y lo que se can en ambos libros es «la tensión angustiosa común a todos lo seres: elementos del cosmos, animales, hombres»[34]. Cree Ga cía de la Concha que, con *Los desterrados*, el poeta entra de ll no en el «tremendismo», aceptando la categoría crítica d época. Al hacer el balance de esta tendencia, sin embargo, y no comenta las obras posteriores de Morales.

En realidad, es por el expresionismo emocional y por el re lismo por donde conecta la poesía de nuestro autor con esa ve tiente «tremendista». Pero, como el mismo García de la Co cha señala, en este momento se dan interconexiones entre la distintas tendencias coetáneas y los poetas recogen selectiv mente rasgos distintos de su época[35]. En este aspecto, Moral se inclina hacia el Barroco y el romanticismo, mientras otro (con parecidas preocupaciones) pueden acudir al surrealism Pero incluso corrientes que parecen afines se distancian opo tunamente. Hay que recordar, como anécdota interesante este respecto, que *Los desterrados* mereció una reseña en *Esp* *daña*, debida a Antonio G. de Lama, quien juzgaba la obra d manera reticente e incluso francamente negativa, atribuyé dola a una intención compositiva cerebral, sistemática y h cha adrede, y considerándola excesivamente descriptiva, au que fruto de un buen poeta, sobrio y refinado, dueño de un técnica que sabía manejar con agilidad y soltura[36].

Podría pensarse, por otro lado, que la fidelidad de Rafa Morales a su poética y a su lenguaje (situados con precisió histórica) ha limitado su participación posterior en el proces

---

[33] Víctor García de la Concha, *op. cit.*, I, pág. 404.
[34] *Ibíd.*, pág. 409.
[35] *Ibíd.*, II, pág. 667.
[36] Antonio García de Lama, «*Los Desterrados*. De Rafael Morales», *Espad* *ña*, 27 (1947) (edición facsimilar, pág. 592).

de cambio de la poesía española de la segunda mitad del siglo XX, proceso que comienza a decantarse justamente cuando Morales culmina su primer momento, a mediados de los años cincuenta. Y creo que esta impresión, a que contribuye la falta de continuidad de las publicaciones en libro, no es del todo verdadera, pues, con diferencias bien perceptibles, su poesía traza una línea hasta cierto punto convergente, asindótica o semejante a la de la poesía de este período. Lo señalé en mi breve comunicación de Málaga y se puede precisar ahora también, pues no quedaría completa esta presentación general del poeta sin atender a ese factor histórico.

Naturalmente sus primeros libros se inscriben en la tendencia dominante y de mayor porvenir inmediato de la primera posguerra, la denominada «poesía existencialista», y en ella Morales es un iniciador. Creo que esta afirmación es poco dudosa, si consideramos *Poemas del toro, El corazón y la tierra* y *Los desterrados*. Bastaría recordar el final de la nota que puso al tercero de ellos: «Este libro no es más que eso: dolor, dolor de ser hombre, es decir, dolor de ser destierro.» Ahora bien, entre 1952 *(Antología consultada)* y 1954, fecha de edición de *Canción sobre el asfalto,* Morales se sitúa en cierta proximidad con la que sería poesía social o comprometida, pero sin incluirse en ella. Su materia es semejante y su valor testimonial muy evidente, pero el tono lírico personal es distinto, como transparenta el último título. En él aparece en primer plano, formulada, la función poética por encima de la referencial o testimonial. Y esto lo ha resaltado el autor de modo que sólo cabe aceptarlo. Se da aquí, y a mediados de los años cincuenta, la primera divergencia dentro de una sintonía más amplia. Sintonía que llevó también a cierta crítica a considerarlo dentro de esa tendencia[37].

---

[37] Puede ser sintomático y esclarecedor el testimonio, matizado y argumentado, que Rafael Morales ofrece a su compañero Leopoldo de Luis y que éste recoge en su *Antología de la poesía social* (Madrid, Algafuara, 1965): «Creo que he sido el primero en decir y repetir desde hace ya muchos años que la belleza debe ser un medio y nunca un fin... Lo que nunca he admitido ni admitiré es el vulgar utilitarismo que, manejado por los falsos poetas, la elimina por considerarla inservible... Y así, en esta línea de lo universal humano es en la

La evolución poética de finales de los años cincuenta y comienzo de los sesenta, por impulso de los grupos de la nueva promoción poética, parece alejarse más de la estética y del estilo de Morales, pero encontramos, sin evidencia inmediata, también sin demasiada dificultad, una serie de semejanzas de fondo entre ellos. Creo que el modelo de poema-libro y de estructura abstracta que determina la composición de *La máscara y los dientes* y *La rueda y el viento* es ajeno a la poesía dominante del momento y aún más a la posterior[38]. Lo es también el estilo tan definido de verso y de lenguaje, inevitablemente apegado a usos literarios tradicionales, aunque ya flexibiliza la forma hacia la polimetría, sin entrar aún plenamente en el verso libre. La raíz ética que anima las composiciones y su derivación en crítica de la sociedad contemporánea puede legítimamente considerarse coincidente entre aquellos poetas (Ángel González, Jaime Gil de Biedma, José Á. Valente, etc.) y Rafael Morales. Se trata además de una poesía urbana de la cotidianidad. En cambio, la minuciosa construcción de un «personaje» poético, semejante y diferente al autor mismo, y su crítica y demolición por parte de los poetas del medio siglo, son extrañas a Morales, que procura en su obra un esfuerzo objetivador de la mirada poética, mientras los poetas citados establecen vínculos muy estrechos entre la perspectiva subjetiva del mundo y el lenguaje coloquial y personal. Así, la «visión del mundo», la estructura del libro, la ausencia de sujeto lírico y el lenguaje son los elementos diferencialmente caracterizadores de su poesía en este momento (entre 1960 y 1972).

---

que quiero la poesía social, una poesía proyectada más allá del yo y de la pura belleza, libre, viva en lo eterno del hombre a la vez que en lo inmediato... // Yo creo en todas las poesías que lo son. Pero prefiero la que está movida por el amor, quizás porque ella sea la mía, inspirada desde su ya lejano inicio en el amor a los objetos más sencillos y olvidados, a los animales y a los hombres, sobre todo a los humillados, a las víctimas del desprecio, de la indiferencia o del egoísmo... // Yo quiero ser siempre un poeta libre y entero.» Véase ahora la edición de Fanny Rubio y Jorge Urrutia, Madrid, Biblioteca Nueva, 2000.

[38] Aunque sobre esto no quiero hacer énfasis, pues existen libros tan unitarios y significativos del comienzo de algunos de estos poetas (los más jóvenes) como *Don de la ebriedad,* de Claudio Rodríguez y *Las Brasas,* de Francisco Brines. Pero ya se ve que aquí se plantean las diferencias como un conjunto solidario de aspectos.

La poesía de Rafael Morales no es autocrítica ni irónica, ni prosaica, aunque tenga una referencia cotidiana y un alcance moral, tampoco es, en su etapa más reciente, culturalista, pero sí de nuevo intensamente lírica. Si con *Entre tantos adioses* vuelve Rafael Morales al canto emocionado (y se confirma que la emoción es componente esencial de su poesía), lo hace aligerando el verso, abreviando el poema, recuperando su experiencia íntima y prestando por fin una atención reflexiva a la palabra, que se hace así objeto mismo de la poesía. El yo lírico se recupera como sujeto de la palabra, creado por el lenguaje. No es extraño por esto que un poeta de los setenta, Guillermo Carnero, considere lo más apropiado y cercano para la época actual el desarrollo final de su lírica.

Culmina así un proceso que camina coherentemente desde la inmediata materialidad testimonial de su primera poesía hacia una indagación de la trascendencia (reveladora) de la lírica, con la palabra y la luz en sus últimos textos; y desde una claridad compositiva y retórica explicativa hasta una levedad sugestiva. Y, en medio, la función de la memoria y del recuerdo (*Prado de serpientes* y *Entre tantos adioses*) como forma de revivir la materia y de temporalizar íntimamente la relación del poeta con la realidad. La diferencia está en el tono lírico —descubrimiento o revelación y canto— con que nuestro poeta aborda la experiencia del lenguaje poético, mientras que en la poesía más reciente su interpretación se hace dudosa, crítica. El lenguaje más bien vela, seduce y construye un espacio cerrado dentro del cual el sujeto lírico permanece encerrado como en palacio de cristal.

No ha realizado Rafael Morales una frecuente elaboración teórica de su poesía, aunque en algunos textos prologales y en declaraciones de los últimos años haya dejado constancia de sus criterios y de sus intuiciones fundamentales[39]. Precisamente

[39] Desde la «Poética» en la *Antología consultada de la joven poesía española*, de Francisco Ribes (1952), hasta su antología personal *Por aquí pasó un hombre*, de gran valor en este sentido, pasando, entre otros ejemplos, por *Antología y pequeña historia de mis versos* (1958), *Poesías completas* (1967), *Antología de la poesía social* (1965) y la conferencia *Reflexiones sobre mi poesía* en la Escuela Santa María de la Universidad Autónoma de Madrid (1982).

en uno de esos discursos más recientes explica cómo la labor reflexiva se ha realizado en él *a posteriori* respecto de su iniciativa lírica, sentida por él de forma espontánea y natural, aunque, desde luego, no surge de la nada, sino de una profunda asimilación de la tradición poética unida a una conciencia de las necesidades del momento y de la función estética de la palabra[40]. Morales ha sido además un cuidadoso y atento lector de la poesía de su tiempo.

En el conjunto de sus explicaciones, dos términos aparecen habitualmente relacionados: el sentimiento humano y la emoción estética o artística. La constatación fundamental puede recogerse en estas palabras, de nuevo oportunas aquí: «Al leer mis poemas observo que la mayor parte de ellos, en su fondo, no son más que pura afectividad, es decir, un canto de amor a las cosas, a los animales y a la humanidad». Y más tarde aclara: «En realidad, en toda mi poesía se refleja un afán muy patente de apartarla de lo lúdico, lo subconsciente, lo hermético, lo purista y lo objetivo, para llevarla a lo vital, lo consciente, lo claro, lo impuro y lo subjetivo. Fue mi norma en un principio y aún lo sigue siendo»[41]. Y si todavía fuera precisa mayor insistencia, he aquí lo que publica en el año 1999:

> Lo que yo he escrito siempre ha tenido una doble vertiente. Por un lado, y más por idiosincrasia que por calculado propósito, un afán de reconocerme, de vivir en ella, de proyectarme en sus versos tal como soy y tal como veo el mundo en el momento en que escribo. Por otro lado, y aquí sí cabe el calculado propósito, siempre he tenido viva intención de lograr que la emoción humana se funda hondamente con la emoción artística, sin la que el poema no puede existir. Aspiro a que las dos vertientes (vida y arte) se unan en la única cumbre[42].

No es necesario resaltar la evidencia de la identidad de ideas, aunque haya variado levemente la expresión.

---

[40] *Reflexiones sobre mi poesía*, pág. 9.
[41] *Ibíd.*, págs. 1 y 11 respectivamente.
[42] Antología *Por aquí pasó un hombre*, págs. 10-11.

Aparece aquí un término, inexacto y discutible, que sirve para entendernos. La poesía de Rafael Morales puede llamarse, en el buen y aun mejor sentido de la palabra, «realista». Y entiendo que esto no pone en duda su intensidad o su valor lírico. Ya ha quedado bien asentado que es una obra lírica sobre todo, por lo que él la denomina *canto*. Pero su punto de arranque necesario y el apoyo extratextual es siempre una realidad percibida (incluso en su primer poemario, donde el mito táurico no prescinde de las referencias inmediatas y descriptivas a la vida del animal y a las circunstancias de su destino y muerte). Como he repetido, es la realidad (natural y social, individual o colectiva) la que hace brotar una emoción sobre la que se apoya la creación poética («un canto de amor a las cosas, a los animales y a la humanidad»). Y es «realista» en contradicción con *otra* poesía que, en la estilización idealista o en el solipsismo experimental, puede obviar la referencia directa al mundo en que encarna la palabra.

Un esquema, que recoja esa explicación de una doble vertiente con un sentido ascensional, de transformación y depuración, puede ser el resumen adecuado de estas ideas. En él observamos no sólo el dinamismo de la creación, en el paso del plano de la vida al plano del arte, sino la correspondencia binaria de los términos de cada uno de los planos: contemplación-canto, amor-emoción estética, realidad-revelación:

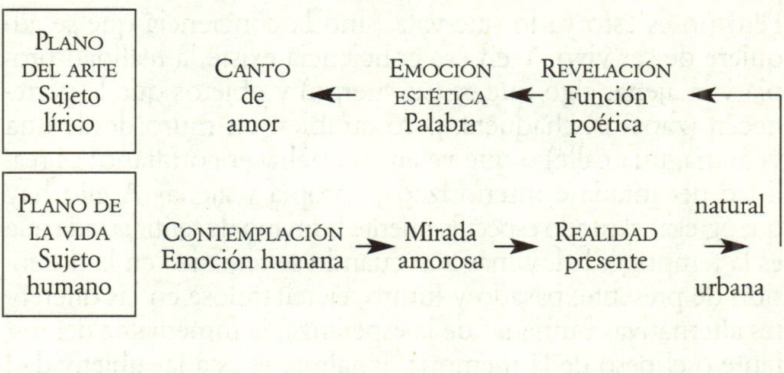

Ahora bien, aunque mantengamos este sistema como definidor de la poesía completa de Rafael Morales, parece necesario también distinguir o proponer dos momentos reflexivos, de acuerdo con el planteamiento general de su evolución. En el primero, el poeta insiste en esta identidad de poesía con emoción estética y función expresiva del lenguaje, que son aspectos independientes de la materia o el tema de la poesía. En su caso, como dos elementos complementarios y de necesaria referencia, están el sentimiento o la emoción humana ante las cosas y estas mismas cosas, en su ser deficiente o pobre o humilde. La Belleza, lejos de Juan Ramón Jiménez, es «un medio o instrumento para la realización del poema» y puede ser inspiradora, aunque también lo es la fealdad. No hay realidades poéticas por sí mismas (y esto lo dijeron, entre otros, Jorge Guillén y José Hierro.)

En un segundo momento (que pongo en relación con su poesía posterior a los años setenta) la reflexión se ahonda sobre el mismo fundamento. Así, el término «realidad» puede ser ventajosamente sustituido por el término «vida». Y de este modo comienza la Introducción a su antología citada: «Todo es vida. Todo es su vida. Todo es materia única para su poesía que él sabe muy bien que no puede quedarse en esa simple raíz nutricia, sino que empieza y acaba ineludiblemente en la emoción expresiva.» Aquí tenemos, una vez más, los dos planos que en Morales van siempre íntimamente relacionados como los dos componentes del signo. Aunque ahora el término «vida» es un complejo de significados que parte de una experiencia directa, inmediata, preconsciente: el sentirse vivir. Pero no es esto ya lo que vale, sino la conciencia que se adquiere de ser vivo. Y en esa conciencia existe la realidad propia y la ajena, algo que es (su cuerpo) y objetos que le pertenecen (zapatos, chaqueta, pero también un muro desde una ventana, una calle) o que ve en su quehacer cotidiano; es realidad decantada e interiorizada, «propia y ajena» A ello hay que agregar el modo específicamente humano de sentir la vida que es la temporalidad, y más aún cuando se tematiza en la distensión de presente, pasado y futuro, ejercitándose en las diferentes alternativas humanas de la esperanza, la inmediatez del instante o el peso de la memoria. Finalmente está la subjetividad única del poeta, su personal idiosincrasia, que le inclina o le capacita para un tipo de sentimientos, sin duda, pero también para un tipo o registro particular de lenguaje. Esa inextricable mezcla de realidad y tiempo, desde una subjetividad, es lo que abarca el término «vida», según me parece. Y ésta es la más compleja y delicada materia de su poesía última.

Creo también que el lenguaje es ahora sentido, con mayor autonomía, como el origen mismo de la poesía, y que el poeta se realiza en su ser al hacerse palabra y canto. Vida y poesía son así equivalentes en un grado más sutil y el poema se encuentra precisamente en el reconocimiento y la elaboración de las palabras habituales, simples y cotidianas (más que en esas «realidades» que antes estaban tan presentes). Así dice en su poema (metapoético) «Creación»:

De pronto,
las palabras
con que el poeta
habla a sus amigos
o las que todos dicen
en calles y oficinas
vibran de otra manera
abren corolas
 alas
[...]
duelen
cantan
[...]
y uno sabe de pronto
que aquello es un poema.

El poema no sólo se hace con el lenguaje, está ya en el lenguaje. Más bien parece que hay un descubrimiento o una revelación.

Y éste es el tercer aspecto que considero fundamental y que enriquece la perspectiva de la función de la poesía en Rafael Morales. Si antes hablaba de comunicación con una mayoría «ideal» de lectores (en nuestra jerga actual diríamos lector «virtual» o potencial) ahora habla de poesía como «revelación», lo que le acerca mucho más a ciertas doctrinas coetáneas del conocimiento o, como quería Claudio Rodríguez, de la «participación» del poeta con el ser de las cosas *en* el lenguaje.

Morales lo ha expuesto de esta manera en su reflexión: «Yo siempre he creído que la poesía es esencialmente revelación, penetración profunda por medio de la expresión artística en todo aquello que el lenguaje llano y diario no puede revelarnos plenamente.» Así se sitúa en una estela que tiene su mejor y más próximo precedente en algunos poetas del Veintisiete, como Guillén, al que alude y en otros momentos cita, adhiriéndose a su idea de que la poesía está en el poema (es decir, en la palabra con ritmo y con sentido), y como Salinas, que habla de la poesía como el instrumento en busca de lo absoluto y que entiende que el acto poético termina en «iluminaciones». Pero a quien Morales toma particularmente de referencia para explicar con un ejemplo su idea es al propio Antonio Machado en su poema «Yo voy soñando caminos...». Y escribe: «personificando, nos ha revelado la realidad profunda del ser. No es ornamento, pues, lo que dice el poeta, es revelación. Toda poesía es siempre revelación»[43]. No es la poesía «pura», sino la poesía como acto de humanización emocional del mundo la que así revela su ser. Porque al no considerar —como tal vez otros en momentos anteriores y contemporáneos— que la cualidad humana de la vida y de la subjetividad individual hubieran de quedar excluidas de ese plano estético, el conocimiento aportado comporta dolor, amor, tiempo, memoria, en resumen «re-conocimiento» del ser en el mundo y del ser humano como parte de él, la parte justamente que es su conciencia. La revelación poética del mundo no es en verdad sino la manifestación de una estructura humana, digamos espiritual, del ser. No se trata aquí de poesía «metafísica» que se sitúe en los límites del conocimiento absoluto. Morales, al referirse a Machado, está dando la clave y evocando las palabras mismas del poeta sevillano, que escribió, en texto bien conocido (1931):

> [...] al poeta no le es dado pensar fuera del tiempo, porque piensa su propia vida que no es, fuera del tiempo, absolutamente nada [...] Tampoco hay poesía sin ideas, sin visiones de lo esencial. Pero las ideas del poeta no son categorías formales, cápsulas lógicas, sino directas intuiciones del ser que

[43] *Por aquí pasó un hombre*, págs. 10-11.

deviene, de su propio existir; son, pues, temporales [...] Inquietud, angustia, temores, resignación, esperanza, impaciencia que el poeta canta, son signos del tiempo, y al par, revelaciones del ser en la conciencia humana[44].

Y por todo esto creo que, aunque Rafael Morales no la propone expresamente, en su obra hay también implícita una idea de poesía como salvación, quizás en versos como éstos:

> Salvemos el recuerdo venturoso.
> No, yo no quiero
> morirme en cada cosa
> que el tiempo anocheció
>
> («Trono»)

En la poesía, la revelación es ya salvación. Y cabe suponer que el modo de salvación es la propia escritura del poema en un acto lingüístico que realiza por sí mismo aquello que enuncia. Puede aducirse otro ejemplo a partir de su último libro, pues en «Ante un poema del siglo XVII» leemos:

> Firmes [los versos] en el papel
> se obstinan contra el tiempo
> en un presente invariable.
> La muerte ejercitó
> su tiranía
> sólo sobre el amante,
> pero el amor
> arde aún intacto
> en las viejas palabras
> del poema.

Pero quien fundamental y definitivamente halla la salvación es el sujeto poético o el yo personal transferido a sujeto del lenguaje y que experimenta en él, a la vez, la pérdida y la ganancia, la fugacidad y la permanencia:

---

[44] Estas palabras se publicaron como «Poética» en la *Antología* de Gerardo Diego de 1932. Puede verse la ed. de esta obra y la *Prosa Completa* de Machado, ed. Oreste Macrí con la colaboración de Gaetano Chiappini, Madrid, Espasa-Calpe/Fundación Antonio Machado, 1988, pág. 1803.

Palabra tras palabra,
sucesivos presentes
de vida presurosa.
Fugacidad del ser,
luz del instante...

Y también:

Absoluto presente,
plenitud inmutable
del instante.
Palabra siempre viva,
donde sumiso el tiempo
deja de ser fugaz.

Aunque ya estaba anticipado precisamente en los dos libros anteriores, que vengo considerando parte de un ciclo:

Yo fui quedando en mis palabras...
Yo edifiqué mi vida en otras vidas...
Yo edifiqué mi vida en el olvido

(«Palabras», del libro *Prado de serpientes)*

He aquí que voy escribiendo
huellas de un caminante
hacia el olvido

(«El poema», de *Entre tantos adioses)*

Si recordamos su poética de la *Antología consultada* y la comparamos con estas últimas declaraciones en prosa y verso, tal vez convengamos en que se da un cambio entre una comprensión de la poesía más primariamente como expresión de sentimientos y comunicación de la emoción y otra más propiamente entendida como conocimiento o mejor, ya que él lo dice, «revelación». Desde luego no hay oposición definitiva entre ambas, sino convergencia, pues la expresión emocional descubre la raíz humana de las cosas y el conocimiento de Morales es siempre fruto de una inteligencia emotiva (o «sintiente»). Son dos modos o expresiones de una particular comunicación o participación del poeta con el mundo. Recuerdo a este respecto que Antonio Colinas se manifestaba a favor de una poesía que revela, antes que de la que testimonia, aunque ésta puede tener una razón directa y práctica y es igualmente respetable, si se escribe con sinceridad[45]. La poética última de Rafael Morales vuelve a abrir la cuestión: ¿hay incompatibilidad o diferencia profunda entre ambas funciones de la poesía? ¿Han coexistido en él las dos funciones, con distinto orden de prelación, o más bien, como parece, la testimonial ha sido sustituida finalmente por la otra en su propio movimiento interior? Tal vez la conjunción de una palabra *nueva* y de una realidad trascendida —cara y cruz de lo mismo— sea, también en términos propios de Colinas, adecuada salida a este dilema, tal como se presenta en la evolución de Morales hasta su poesía última.

Desde luego hay un cambio, pero considero posible seguir manteniendo la coherencia entre el principio y este momento, y por ello el esquema conceptual que dibuja la relación de estos términos básicos e identificadores. Pero lo definitivo es la fe de Rafael Morales en la poesía, tema de su última obra, como modo humano de permanencia y de trascendencia.

Apunte sobre algunos recursos lingüísticos

Sitúa Rafael Morales la poesía en el plano estético, en el trabajo expresivo con el lenguaje. Su compromiso fundamental remite a esa experiencia de creación, aunque es un trabajo que descubre la realidad en su entraña y la estructura afectiva de la contemplación. La presencia de la materia y de la sustancia del mundo real hace que esa poesía no quede fatalmente aislada en una tendencia «neo» (barroca, romántica) y que evolucione al compás del cambio en la experiencia del mundo que el lenguaje trata de desvelar y articular. Por ello, ante el conjunto de la obra de Rafael Morales es inevitable preguntarse por la cualidad lingüística que toma, eleva y transfigura una materia en la forma única que es el poema; y, además, por el proceso que va desde el primero hasta el último libro, tal es la distancia que aparentemente los separa en cuanto al

---

45 Véase la sesión dedicada al poeta y sus explicaciones en *Diálogo sobre poesía española*, Nieves Trabanco (ed.), Frankfurt-Madrid, Vervuert Verlag, 1994.

empleo de la lengua y sus recursos. La repetición de la primera palabra del título *(Poemas)* —tal vez no intencionada pero tampoco insignificante— nos lanza a sugestivas correspondencias entre ambos extremos, y en relación con ella hemos de recuperar o situar, como momento intermedio, ese otro título en que también se refiere a su obra con término literario (o metapoético). Y así encontramos la serie «Poemas»-«Canción»-«Poemas». Los demás títulos, directamente o mediante transposiciones metonímicas y metafóricas, se refieren únicamente a la realidad cantada.

En estas páginas presento sólo algunas sugerencias e indicaciones, tomadas de las repetidas lecturas, sin ánimo exhaustivo. Atenderé así a la trabazón de todos los componentes formales del poema, por una parte; y a la coherencia léxica y semántica, por otra. Y considero eje de la transformación del poeta y de mi exposición el motivo de la depuración en cuanto a la materia misma y en cuanto a la forma del poema, en busca de una cualidad absoluta de la poesía: la esencialidad, que se alcanza en la perfecta correspondencia entre lo que se dice y lo que se quería o, mejor, se debía decir, tal como el lector en el momento de la lectura lo siente y percibe[46].

Al comienzo, su escritura (de acuerdo con el modelo barroco) produce un efecto de indudable densidad, porque la materia lingüística, especialmente el sintagma repetido de sustantivo y adjetivo, se encuentra encajada en el molde regular del poema estrófico, casi exclusivamente isométrico de arte mayor, con pausas perfectamente marcadas en la correspondencia de métrica y sintaxis. Así, las unidades se repiten, reforzadas por los paralelismos, anáforas, bimembraciones, esquemas sintácticos y equivalencias semánticas. Baste recordar el primer soneto de *Poemas del toro:* «donde hay un rumor de sangre airada / y hay un oscuro llanto que no suena»; y al final: «es un ala tenaz y enardecida, / es un ansia cercada, prisionera...»; y estos otros casos de estructura bimembre de *Los*

[46] En este sentido, hemos de considerar al autor como lector privilegiado, que ha ejercido su función con la posibilidad de eliminar o sustituir aquello que el paso del tiempo y el cambio de perspectiva le han llevado a considerar reiterado o menos esencial.

desterrados: «Cuerpo de sombra, cauce de la noche, / humano río de agolpada niebla...» («Los ciegos».) Añadamos el efecto de la acentuación (densa, regular) y de las figuras fonéticas, como la aliteración. Ejemplos de esta figura los ofrece Miguel D'Ors en su libro sobre el poeta[47] y señala la repetición de sonidos suaves (labiales y sibilantes) en «suave invasión de tibia rosa» o «su dulce sombra mansa y silenciosa»; o la dura expresividad de las dentales en «el testuz tenaz y atormentado». Otros casos podríamos encontrar en *Los desterrados,* por ejemplo, como «sombras son nada más, tan sólo sombras» («Los ciegos»).

La clara abundancia de la adjetivación (que contiene la fuerza poética por su intensidad y su metaforización)[48] determina la lentitud y demorada exposición de una idea o quizás de una realidad precisa y concreta. Así no es infrecuente encontrar catorce o más adjetivos en un soneto, agrupados frecuentemente en series de dos y de tres, y advertir, además, que participan de un mismo y reducido universo semántico, igual que los sustantivos[49]. De este modo los primeros libros logran una total integración de los recursos lingüísticos repetidos, una coherencia formal que les es propia, dentro, por otra parte, de los usos habituales de la poesía española de los años cuarenta. Es en el universo particular y en el referente literario donde Morales se diferencia de otros y marca su impronta, no en lo general, que necesariamente comparte para ser y porque es poeta de su tiempo.

---

[47] Miguel D'Ors, *op. cit.,* págs. 56-59. En las siguientes se detiene D'Ors en casos particulares y expresivos de acentuación.

[48] Véase para esto también el análisis de Miguel D'Ors.

[49] Comenta este aspecto Emilio Alarcos: «Morales alcanza tal sencillez y tonalidad sobria reduciendo su léxico, esto es, empleando una pequeña cantidad de palabras —sobre todo adjetivos— muy características y de uso frecuente... Y mientras esos adjetivos —y algunos sustantivos, como *pena*— se cargan de significado, de intención y de múltiples vivencias, otros elementos de la lengua pierden toda eficacia y son casi olvidados: así, los valores temporales del verbo», «Rafael Morales: *Canción sobre el asfalto*», *Pliego crítico,* 1 (1955), pág. 19. Creo que la temporalidad es un aspecto recuperado a partir de *Prado de serpientes,* como explico en el texto. La importancia retórica y afectiva del adjetivo —recurso fundamental— ha sido señalada también críticamente por García de la Concha.

Este efecto de densidad lingüística que no busca novedad, sino más bien rigor y plasticidad, se mantiene, con la coherencia de métrica, sintaxis y léxico, hasta *Canción sobre el asfalto,* aunque aligerando ahora la rima hacia el asonante, en ocasiones. Pero la facilidad para el ritmo regular del endecasílabo o del alejandrino y para la precisión del orden estrófico son cualidades fundamentales en esta etapa de la poesía de Rafael Morales. En ella el poeta se detiene en resaltar la concreta materialidad y la opaca densidad del mundo ante sus ojos. También Emilio Alarcos, en el texto antes citado, señaló la tendencia de Rafael Morales a la representación estática de la realidad (aunque limita su análisis a los primeros libros). Y así escribe:

> Es Morales poeta más estático que dinámico, sus temas se ven, no suelen desarrollarse; y por ello el público no minoritario los capta enseguida y se siente atraído, aunque sea más por la realidad que ha servido de trampolín a la inspiración del poeta (y por la forma musical clásica) que por la propia vivencia del autor y por su plasmación lírica, que es lo realmente valioso[50].

Al abordar la composición de sus largos poemas intermedios *(lirodramas)* no cede en esta tendencia, aunque ensaya el poliestrofismo para adecuar la voz lírica a las situaciones descritas y por una elemental necesidad de variación en la unidad. El soneto sigue siendo la estrofa más repetida, pero alterna ahora con series de serventesios, con el romance endecasílabo, la silva y los endecasílabos blancos o el verso libre. A esta flexibilidad en la métrica parece acompañar todavía la tendencia dominante a la pausa medida, el ritmo musical basado en la regularidad de los acentos y, sobre todo, la densidad verbal. Su expresividad recae en los recursos habituales: enumeraciones, paralelismos, intensidad en la adjetivación; y su plasticidad deriva en buena parte de la plasticidad que necesita la visualización concreta de una realidad abstracta o el resalte lírico de la realidad material:

---

50 *Ibíd.*

Aquí la incomprensión, sus roquedales,
el insulario corazón, la nieve,
o el litoral violento, el arrecife,
las lívidas siberias,
los olvidos,
las largas carreteras del cansancio,
la interminable soledad del hombre[51].

En el siguiente fragmento de *La máscara y los dientes* se percibe cómo el poema crece a través de la serie de metáforas que se suceden para describir un objeto, marcando a la vez un ritmo versal muy definido. Para este momento, como notaba Miguel D'Ors acerca de *Poemas del toro,* el verso es aún la unidad rítmica y melódica fundamental; de un número determinado de versos se compone la estrofa (o la unidad estrófica si no es regular) y ésta crece o repite su estructura en serie para formar el poema. En el ejemplo, cada verso es una acuñación sintáctica y semántica basada en una metáfora; ésta, a su vez, repite la estructura de sustantivo con adjetivo (pospuesto al comienzo y al final, antepuesto en los versos intermedios). Y como el verbo principal es un imperativo (luego dice: «mira, Hombre, mira»...) la cualidad plástica e intuitiva de su poesía se pone de manifiesto y se nos ofrece como una creciente forma de expansión o *amplificatio* de su intuición visual/conceptual.

Mira los barrenderos matinales,
los hijos del rocío y de la pana,
los fluviales mangueros
que en un chorro de colérica plata
sostienen en el aire algún tierno arcoiris,
un fúlgido jardín,
un ala pura de la primavera.

En estos libros hay momentos memorables, como la invasión de la luz al amanecer, en el primero de ellos, y la llegada de la Primavera en *La rueda y el viento.* Y ahí encontramos de nuevo la tendencia de Rafael Morales a representar como concreto lo inmaterial y abstracto y, por el contrario, a abs-

---

[51] Versos que pertenecen a *La rueda y el viento*. En esta edición, pág. 307.

traer la realidad: «Países turbios de la noche», «provincias del terror y el sueño», serían algunos ejemplos del primer caso. Y «tenue ciñe / materiales nocturnos, apretadas / densidades informes, ciegas líneas...» es muestra del segundo. El poeta no habla ni representa un amanecer particular, sino la llegada renovadora, pero siempre igual, de la luz. Lo mismo ocurre con la Primavera, que se describe con un léxico del mundo material interior y con un movimiento de dentro hacia fuera (que recuerda a veces el de su primer libro):

> Brota auroral la savia sumergida,
> invade el laberinto letal de las raíces,
> despliega su corazón plural,
> su tierno mapa de húmedo silencio,
> de frescor intocado,
> hasta llenar de amaneciente impulso,
> de gozo creacional
> el gran vientre sombrío de la tierra.

Ya Miguel D'Ors señalaba, en su libro acerca de *Poemas del toro,* la forma habitual del poeta de unir un término concreto con otro abstracto, dependientes ambos de un verbo común, lo que parecería indicar una forma más analíticamente expresiva y un deseo de universalizar la percepción. Por ejemplo: «¿Quién serena tu sangre y valentía?», en vez de la forma «tu sangre valiente»[52]. Así ocurre también en la adjetivación. He aquí el «húmedo silencio» que cabe entender como una sinestesia, pero que materializa algo inmaterial. En el mismo caso están: «silencio frío», «oscuro llanto» y estos otros: «ansia cercada», «negra pena», «miedo oscuro», «redonda la ternura». Se da también de forma inversa, como sustantivo concreto y adjetivo abstracto: «nácar temprano», «verdor insumiso», «amantes huesos»; y lo mismo cabe decir del adverbio, a veces en función calificativa: «tiernamente silenciosa el alba... heladamente venturosa y blanca...».

---

[52] Actualiza en este caso Rafael Morales el recurso clásico de la endíadis, definida por Lázaro Carreter como «expresión de una idea única mediante dos sustantivos unidos por una conjunción copulativa». Y añade: «En tal caso el español prefiere un solo sustantivo, modificado por un complemento» *(Diccionario de términos filológicos,* Madrid, Gredos, 1973, s. v. *Hendíadis).*

La segunda condición que hemos advertido es la coherencia semántica de los términos para conformar un universo lingüístico muy homogéneo en cada poema (e incluso en cada libro). En *Poemas del toro* destaca la preferencia por los sustantivos signos de la corporalidad, bien externa (piel, frente, astas), bien interna (huesos, calavera, venas, corazón). Se fija así un sistema psicofísico de significado metonímico habitual o convencional, que es inmediatamente percibido por el lector y que remite a su propia tradición poética. Y los adjetivos que acompañan a estos sustantivos insisten repetidamente en algunas características. Si es el toro bravo tenemos sangre *airada,* piel *poderosa,* tempestad *enfebrecida,* testuz *tenaz, nobles* huesos, *fiero* corazón, ansia *tenaz y desbordada.* Pero si se refiere a la vaca en el trance de ser madre, aparece la entraña *silenciosa,* el vientre *sosegado,* el *cálido* rumor, *amante* mugido, *templada* primavera, *tibia* rosa. En el caso del buey, su supuesta tristeza vital y evidente lentitud y pesadez se extienden a todo el universo (real y textual): tarde *desolada... mustia y dolorida, lentas* penas, *fría* soledad, ya que él mismo descubre sus huesos *cansados* y percibe el *amargo* sabor de la vida. Así, se repiten determinados sustantivos *(huesos, corazón)* o adjetivos: *rumoroso* vendrá a dar una sensación de vida; *fiero* se define por sí mismo, igual que *ardiente* y *febril.*

Este comentario se podría extender a *El corazón y la tierra* o *Los desterrados,* tanto en sus aspectos métricos como lingüísticos. Ahora bien, hay que señalar que esta densidad homogénea queda vitalizada interiormente porque se construye con una diferencia que deviene oposición semántica. Así, la doble dimensión que hemos señalado en páginas anteriores entre vitalidad y destino, impulso y freno, ansia y muerte, en el caso del toro, se precisa verbalmente como adversación, antítesis u oxímoron. En «Toro muerto» encontramos estas expresiones: «Un trueno congelado...», «dos rayos silenciosos, detenidos», «una mano tenaz, febril, helada...». Y en otros poemas: «Corre feliz el choto... ajeno aún al dolor y a la tristeza.» «Mas viento sólo entre mis brazos cabe... Mas la ilusión ha sido derrotada.» Y es en éste y en los demás libros la voz del poeta la que expresa y construye la oposición. Esto es más visible todavía en la contraposición de la realidad referida y la voz lírica de los *lirodramas.*

Unidas por una misma actitud o perspectiva ante el mundo —la visión lírica— cada una de estas etapas parece articulada mediante una función básica, que es la *descriptio* en los libros desde *Poemas del toro* hasta *Canción sobre el asfalto,* y que es la *narratio* en los *lirodramas,* puesto que hay acción y hay voz que la enuncia y comenta. Y en todo ese largo desarrollo, el poeta cuida de manera especial, como he dicho, el carácter intuitivo, plástico, visual e inmediatamente directo del lenguaje, es decir, acude insistentemente a la *evidentia* como recurso fundamental, que justifica la idea de que su poesía es esencialmente contemplación (afectiva) del mundo[53].

En sus primeros libros el objeto de la descripción es concreto y corporal, físico, y los medios que emplea son todos los habituales: dominio del presente de indicativo, frases con verbos de ser y estado, apóstrofe a las personas o cosas a que se refiere y empleo de deícticos o expresiones que indican o suponen la presencia: verbos en imperativo: «mirad», «mira», y exclamaciones: «¡Ay, los pechos de nieve, casi vuelo...!» Especial relieve alcanza el procedimiento del detallamiento del conjunto del objeto representado verbalmente, de manera que se combina el carácter estático de la representación de la realidad con un dinamismo del proceso de la visión. Así, por ejemplo, ocurre en el primer texto de *Poemas del toro,* en el famoso «A un esqueleto de muchacha» o en el aún más conocido «Cántico doloroso al cubo de la basura», donde encontramos un muestrario de todos estos procedimientos. Se hace así inmediato el efecto poético, al centrar en una identidad de aquí y ahora la perspectiva del lector que coincide con la mirada del poeta. El resultado es precisamente la intensificación afectiva de la relación humana con el mundo y la emoción que acompaña a su descubrimiento.

En los *lirodramas* el propósito de Rafael Morales parece haber cambiado en cierto modo, pues ahora el carácter argu-

---

[53] Para esto, véase Heirinch Lausberg, *Manual de Retórica literaria,* tomos I y II en las voces *narratio, evidentia, descriptio, amplificatio* y sus *genera,* Madrid, Gredos, 1966. Para las figuras del discurso, José A. Mayoral, *Figuras retóricas,* Madrid, Síntesis, 1994. (Agradezco a José A. Mayoral sus observaciones en este apartado.)

mentativo (siempre lírico) se manifiesta ya desde sus presentaciones: «Era necesario», escribe, «ir de lo particular a lo universal y genérico». Para ello, el objeto de su atención es más abstracto, aunque parte desde la observación concreta de la realidad.

> ¿Quién eres tú, secreto transeúnte
> sin nombre y sin contorno, entre la espesa
> muchedumbre que gira, que se cruza
> sin nombre y sin contorno, como arena
> movida por un viento infatigable...?[54].

En este sentido, sigue siendo central la función de la *evidentia,* ya que el espacio y el tiempo de la existencia humana general son recorridos en su concreción inmediata y descritos de manera precisa y plástica, con los mismos procedimientos de los demostrativos y adverbios de lugar, los verbos en presente y el apóstrofe al sujeto poemático. Aquí el detalle ya no puede aparecer como histórico, sino como verosímil, es decir, análogamente referido a cualquier experiencia semejante, capaz de ser recogida por este esquema argumental.

La relación entre lo particular y lo general, lo concreto y lo abstracto tiene una configuración verbal particularmente repetida en *La rueda y el viento,* que es la metonimia, según la cual un fenómeno universal se expresa mediante un referente particular, hasta el caso de la antonomasia: «miles de judas por todos los caminos», «Aquí los himalayas más soberbios», «las lívidas siberias», «los gólgotas del llanto y la injusticia», «evas de la promesa y la delicia», «La diosa Tecnos nieva sobre el mundo... sus gélidos nirvanas», «tristes vulcanos de fragor y sombra», «babeles de fuego», etc.

Pero además Morales recurre a otro procedimiento, que antes hemos mencionado y que ahora debe ser explicado: la *amplificatio.* Ya no se trata tanto de describir con pormenor diversas partes o aspectos de una realidad física, sino de insistir e intensificar de manera deliberada la imagen verbal, mediante la reiteración de diversas fórmulas, en general imágenes meta-

[54] *La máscara y los dientes,* Segunda parte, 3. Véase en esta ed., pág. 294.

fóricas equivalentes que ponen de relieve la condición misma de la realidad y soportan el aspecto de argumentación moral del poeta, sin que éste tenga que intervenir con comentarios autoriales. En definitiva, estamos ante la doble función estética (descriptiva) y enfática del lenguaje para dar cuenta de esa trágica visión de la contradictoria realidad.

El texto antes aducido de los barrenderos es un ejemplo de esta amplificación, pero podemos ofrecer otro, en que la realidad urbana se presenta con la multiplicación extensiva de los miembros:

Y ya estás en la calle, prisionero
en un mundo de voces y de ruidos,
en un mundo de sueños confundidos,
en un fiero murmullo de avispero.

Una malla de penas y de acero,
de motores, de risas y de olvidos,
de pasiones oscuras y sentidos
teje un furtivo, impávido hilandero.

Caminas entre fieras dentelladas,
entre máscaras acres y colmillos,
entre cruentas tormentas disfrazadas...

Es fácil advertir, me parece, la semejanza semántica de los grupos de cada enunciado estrófico, hasta hacerse equivalentes. No son detalles o elementos diferentes de un todo, sino imágenes sucesivas de un objeto único en uno de sus aspectos esenciales, como ocurre en este comienzo de la Segunda parte de *La rueda y el viento*:

He aquí la voltaria inclemencia de la máquina,
la gran zarpa del hierro duradero,
los fríos engranajes giradores,
la fiel constelación de la ruedas dentarias...

En otro momento, la llegada de «la hora de la libertad» se describe así:

Un borrascoso abrirse de ventanas,
una eclosión de puertas y de auroras,
un gozo de banderas y de aves...[55].

Éste es el procedimiento de la intensificación horizontal *(congeries)* que sirve al poeta para expresar la condición del mundo y su patética actitud frente a él. Insiste, por ejemplo, de este modo en *La rueda y el viento:* «Aquí está el plano exacto de la vida» que se desarrolla en los siguientes miembros: «turbia enredadera», «maraña», «espeso laberinto», «gran mapa inmutable del corazón humano». Por otra parte, se percibe la fidelidad fundamental de Morales a sus recursos lingüísticos: apóstrofe, unión de términos concretos y abstractos, materiales e inmateriales en diversas combinaciones metafóricas y metonímicas: «un mundo de voces y ruidos... un mundo de sueños», «una malla de penas y de acero», «pasiones oscuras»; adjetivación, paralelismos, bimembraciones, identidad de ritmo sintáctico y semántico (con algún encabalgamiento expresivo, sin embargo).

A partir de esta realidad lingüística, la natural evolución del poeta se dirige hacia una reducción de la materia, aligeramiento de la densidad verbal, liberación de la métrica, de manera que hay un cambio fundamental: desde *Prado de serpientes* la unidad fundamental de composición es el poema, y el verso es subsidiario del conjunto, aunque mantiene cualidades de precisión rítmica e imaginaria. El verso se hace más libre, flexible y carece habitualmente de rima. Y con ello, la composición aparece como una expresión necesaria, precisa y esencial de la experiencia que el poeta percibe dentro de sí y canta. En este mismo orden, lo que hace con los libros anteriores ya publicados es aligerar algunos poemas en nuevas revisiones y suprimir totalmente otros. Con alguna frecuencia, pero no habitualmente, retoca un verso y tiende a reducir el número de secciones de los libros, para dejar más clara su unidad interior. Aunque esto es sólo una tendencia y no una norma general: *Entre tantos adioses* está dividido en seis partes.

---

[55] De los tres últimos textos citados el primero y el tercero pertenecen a *La máscara y los dientes,* Primera parte, 3, y Segunda parte, 1, respectivamente, págs. 270 y 287 de esta edición.

La advertida y ya explicada interiorización lírica de este segundo momento de Rafael Morales se proyecta también en el uso renovado de la evidencia y de la amplificación, especialmente porque desaparece el impacto material del objeto y su inminencia. El poema «Adolescencia», de *Prado de serpientes* comienza precisando «allí, qué hermoso era», con una doble distancia, espacial y temporal. Importa más el efecto emocional del recuerdo, y por ello la descripción tiene un carácter menos riguroso, se forma con un conjunto variado de elementos dispersos evocados y no realmente descritos, igual que ocurre en el poema «Casas» de *Entre tantos adioses:*

Viejas casas...
con patios de esperanza,
con sus constelaciones de geranios,
con anchas galerías
para las bienvenidas,
con la madre esperando en los balcones
y con raudas palomas...

A veces vuelve al uso del verbo mirar, pero ahora en primera persona: «miro». Un caso particular es el retrato poético (prosopografía) que adquiere una tonalidad moderna a base de variaciones sobre recursos barrocos. He aquí el caso de «Mujer desnuda»: «nácar temprano», «cálidas rosas», «cerezal cautivo de tu boca»; que continúa luego ascendentemente por pechos, brazos y pelo.

Camino semejante sigue el recurso de una amplificación basada en la sucesión de imágenes metafóricas referidas a una misma realidad. En este último poema el cuerpo de la mujer recibe este tratamiento acumulativo de equivalencias: «territorio frutal», «país de las calandrias», «fluir del alba». En el caso de la luna, en el poema homónimo, esto se realiza con una gradación y extensión creciente de la serie paralela de tres miembros: «pálida indiferencia», «impávido desierto, nevada dictadura de la muerte». Un juego sutil de paralelismos y metáforas en esta función amplificadora se puede encontrar en el poema «Ahora que el otoño me unce a su tristeza», de *Prado de serpientes.*

Con este nuevo orden de esencialidad poética y lingüística, brevedad y unidad poemática (y no estrófica) se componen los libros *Prado de serpientes, Entre tantos adioses* y *Poemas de la luz y la pa-*

labra. Prefiere ahora el poeta el verso heptasílabo como base de un poema corto y sin rima, aunque se permite toda la libertad para establecer combinaciones con otros metros, mediante la ruptura del pentasílabo o tetrasílabo y la combinación ascendente con el endecasílabo. Esto produce una mayor necesidad de encabalgamientos que dotan de flexibilidad y ligereza al ritmo, favorecido por la frecuente unidad de frase que conforma el poema:

Una a una
las sílabas construyen sucesivas
la palabra en el aire indiferente,
edifican la vida
con sus alas fugaces,
sólo memoria pura
de un instante del hombre.

(«Instante»)

Hay también poemas articulados en unidades equivalentes a las estrofas, pero las condiciones generales que acabo de enunciar se mantienen y repiten en cada una de ellas. A veces la división gráfica de los versos puede ocultar la real unidad rítmica de los heptasílabos o endecasílabos, que se advierten pese a las pausas versales. Por ejemplo: «cuando sube persianas / en invierno». Y también: «tan sólo vuelo / y libertad / y gozo». He aquí un ejemplo de división en dos unidades versales de una unidad acentual, en su última obra:

Palabra del poema,
¿de qué región
de temblorosas alas,
de qué ramaje
con pájaros ocultos,
de qué patria sonora
llega tu voz
de pétalos silábicos?

¿De qué altas
materias musicales
arrancas tus relámpagos
de oro?

(«Palabra del poema»)

Otro rasgo es la decantación del uso de los adjetivos: se reduce el número y la frecuencia con que aparecen duplicados o en series de tres. Además, su cualidad de epítetos se pone más en evidencia: «alas fugaces», «aire indiferente». El poeta no ha cambiado de sistema expresivo, pero al simplificarlo lo ha dotado de una vibración sutil y de una precisión que salva toda reiteración, pese a la insistencia en unos pocos motivos temáticos y en un léxico coincidente y sencillo. Estos otros casos confirman el mismo esquema anterior en el uso de los adjetivos: «dubitantes sépalos oscuros», «la vasta soledad luminosa», «altiva patria azul». Parece que la disposición simétrica del sustantivo entre los dos adjetivos tiende a reforzar el carácter de naturalidad del discurso, en vez de acumularlos en otra posición. Y a esto contribuye la necesidad de muchos de ellos, cualificadores menos descriptivos u ornamentales: «palabra desnuda», «tercos renglones», «obstinado triunfo», «claridad triunfadora», «el gozo fugitivo / de la palabra efímera». También las metáforas se combinan con las imágenes en un régimen de libertad y crece así el valor sugestivo de los términos, frente a la más estricta correspondencia de la metáfora tradicional (v. gr., venas por raíces) o de la metonimia. Ahora encontramos: «las esperanzas se quedan sin balcones», «abril llega sin lirios ni ventanas», la agenda es «un andén vacío» y las palabras «plazas de bienvenidas con palomas». Aunque de nuevo el engarce de este momento con el anterior es perceptible en esta construcción: « En el silencio / de la noche esparce / la lenta lluvia / su glacial diadema.» Anotemos los encabalgamientos, necesarios en versos tan breves, pero también la metáfora *in praesentia* y la simetría de la bimembración, aunque en versos sucesivos. Y en esta otra: «su fugitivo trono de relámpago», que reelabora un tópico de la brevedad de la vida, uniéndolo al contrario efecto eternizador del poema (palabra: trono).

De aquí podemos deducir que también en estos últimos libros el poeta mantiene la coherencia del lenguaje, la unidad del léxico y de las imágenes. Si la palabra puebla la vida, el silencio será una vasta soledad. Desde luego, los dos centros del último libro son, respectivamente, la luz y la palabra, y todo se construye desde sus equivalencias poéticas, precisa y exactamente enunciadas. Más que como desarrollos, como variaciones del tema central.

Parte así Rafael Morales de una fenomenología poética del objeto material y concreto, que entraña un significado de valor humano que el poema revela emocionalmente, para llegar a la fenomenología de la vida poética misma, cuyas condiciones inmateriales, pero reales, son la luz y la palabra, aunque a través de otras etapas intermedias: la que presenta la realidad de la vida humana en su abstracción universal y ejemplar; y la que se interna en la temporalidad de la vida como tal, en su inmediata y concreta percepción. Y aquí es preciso rehacer el recorrido ya mostrado, desde la presentación inmediata del objeto, que se establece frente a la mirada, con verbos en presente, hasta la evocación del objeto en el recuerdo (y que tiene por tanto ese modo de existencia no independiente o autónomo y temporalmente bifronte) para llegar por fin de nuevo al ser en sí poético (próximo al esencial modo guilleniano), formado por la luz que revela y por la palabra en que se vive, de nuevo asentado en el inmediato e intemporal presente de los verbos.

> Absoluto presente,
> plenitud inmutable
> del instante.
> Palabra siempre viva,
> donde sumiso el tiempo
> deja de ser fugaz.

Esta edición

Se recoge aquí la obra poética de Rafael Morales, publicada hasta la fecha, tal como él la ha establecido, y se respeta, por ello, la voluntad del autor de desestimar y omitir algunas composiciones, o parte de ellas, consideradas ocasionales o de circunstancias. Por este motivo tales poemas y versos no se incluyen literalmente en las notas del texto, pero, dado el carácter de esta edición, se hace siempre mención de los títulos suprimidos y los lugares de donde se eliminan fragmentos significativos, así como de las ediciones anteriores en que están presentes. El lector tiene así la información crítica adecuada. Tampoco se incluyen las dedicatorias de los poemas, en sus ediciones originales, luego desechadas. Partimos de la última revisión del texto, que es la realizada por Rafael Morales para la edición de la *Obra poética completa* de 1999, a la que, naturalmente, se añade el último libro publicado en 2003.

En las notas se señalan las variantes que afectan a los textos mantenidos, considerando las primeras ediciones y las recopilaciones generales de 1967 y 1982. De esta manera, además de la información oportuna y necesaria, el lector puede alcanzar una perspectiva del proceso de depuración poética que el autor se ha impuesto. No parece necesario, sin embargo, recoger los cambios que afectan meramente a la puntuación (por causa de la modernización del sistema), que tiende también hacia la mayor sencillez. Se han corregido las erratas advertidas, aunque, en general, no se indica si no es un caso de duda. Aunque las notan se atienen a estas cuestiones de orden textual, en algunas ocasiones, como indicios de lectura, se sugieren referencias literarias a modo de ejemplo, pero de ninguna manera de forma sistemática.

Las referencias textuales se verifican según las siguientes siglas:

PC (1967)	*Poesías completas,* Madrid, Giner, 1967.
OP (1982)	*Obra poética* [poesía completa anterior y *Prado de serpientes],* Madrid, Espasa-Calpe, 1982 (Selecciones Austral).
OPC (1999)	*Obra poética completa,* Madrid, Calambur, 1999 (reed., 2002).

Las primeras ediciones remiten a las recogidas en la Bibliografía del autor.

Bibliografía

1. Obras poéticas de Rafael Morales

Poemas del toro, Madrid, Editorial Hispánica, 1943 (Col. Adonais, 1), prólogo de José María de Cossío. Reed.: Madrid, Ediciones La Palma, 1993 (Col. Retorno, 6), «Nota Preliminar» del autor; ed. facsimilar: Pozuelo de Alarcón, Ayuntamiento/Aula de Poesía Gerardo Diego, 1993 (núm. 0); forma parte de *Homenaje a Rafael Morales.*

El corazón y la tierra, Valladolid, Tipografía Cuesta, 1946 (Col. Halcón, 3).

Los desterrados, Madrid, Imp. Ugina, 1947 (Col. Adonais, XXXV), prefacio del autor.

Poemas del toro y otros versos, Madrid, Afrodisio Aguado, 1949 (Col. Más Allá, 48), con un poema de Gerardo Diego (2.ª ed., 1952).

Canción sobre el asfalto, Madrid, Nueva Imprenta Radio, 1954 (Col. Los Poetas, 1).

Antología y pequeña historia de mis versos, Madrid, Escélicer, 1958 (Col. «21», 19).

La máscara y los dientes, Madrid, Prensa Española, 1962, nota preliminar del autor.

Poesías completas (1940-1967), Madrid, Ediciones Giner, 1967 (Col. Orfeo, VII), palabras preliminares del autor.

La rueda y el viento, Salamanca, Delegación Nacional de Cultura, 1971 (Col. Álamo, 21), nota final del autor.

Antología poética (1943-1979), Barcelona, Pozanco, 1979 (Col. Ámbito Literario, XLVII).

Obra poética (1943-1981), Madrid, Espasa-Calpe, 1982, contiene el libro inédito: *Prado de serpientes (1969-1981),* pról. de Claudio Rodríguez (Selecciones Austral, 94).

Entre tantos adioses, Melilla, Excmo. Ayuntamiento/UNED, 1993 (Col. Rusadir, 22), Premio Ciudad de Melilla.
Prado de serpientes. Entre tantos adioses, Bilbao, Muelle de Uribitarte Editores, 1996 (Col. Gerión de Poesía).
Obra poética completa (1943-1999), Madrid, Calambur, 1999 (Col. Poesía, 17); reed., 2002.
Por aquí pasó un hombre. Antología poética, Madrid, Centro de Estudios y Actividades Culturales (Comunidad de Madrid/Fundación Gerardo Diego), 1999 (Col. Poesía en Madrid, 1), introducción del autor y palabras preliminares a la selección de cada libro.
«Ocho poemas de la luz», *El Extramundi y los Papeles de Iria Flavia,* XXI (2000), págs. 88-94.
Poemas de la luz y la palabra, Madrid, Ediciones Hiperión, 2003 (Col. Poesía Hiperión, 435).

2. Otras obras de creación literaria

Narraciones de la vieja India, Madrid, Aguilar, 1957.
Leyendas del Río de la Plata, Madrid, Aguilar, 1958.
Leyendas Mexicanas, Madrid, Aguilar, 1958.
Leyendas de los Andes, Madrid, Aguilar, 1959.
Leyendas del Caribe, Madrid, Aguilar, 1959.
Leyendas de los Estados Unidos y Canadá, Madrid, Aguilar, 1960.
Leyendas de Al-Andalus, Madrid, Aguilar, 1961.
Dardo, el caballo del bosque (Novela), Madrid, Doncel, 1961 (Col. La Ballena Alegre, 9), Premio Doncel, 1961 (reed. Barcelona, Noguer, 1980).
Granadeño, toro bravo, Madrid, Editora Nacional, 1964 (reed. Madrid, Akal, 1988).

3. Artículos y ensayos de tema literario

«Otro escenario más para *La Celestina*», *Cuadernos de Literatura,* VII (1950), págs. 221-231.
Reflexiones sobre mi poesía, Madrid, Escuela Universitaria de formación del Profesorado de EGB Santa María-Universidad Autónoma, 1982.
«Los préstamos versales de la poesía del siglo XVII a la de Blas de Otero», *Al amor de Blas de Otero. Mundaiz. Cuadernos Universitarios,* San Sebastián, 1986, págs. 239-247.
«Reminiscencias bíblicas y petrarquistas en un soneto de Antonio Machado», *Ínsula,* 506-507 (1989), pág. 57.

«A los cincuenta años de los *Poemas del toro*». *Medio siglo de Adonais. 1943-1993,* Madrid, Ediciones Rialp, 1993, págs. 24-31.
«Cuando volvió Garcilaso», *Artes y Letras,* 3 (1996).
«Talavera de la Reina, imaginado escenario de *La Celestina*», *Nerva,* número especial, Talavera de la Reina, 2001.

4. Estudios generales y particulares acerca de su obra poética

Fernández Valladares, Mercedes, *Bibliografía de Rafael Morales,* Madrid, Universidad Complutense, 1981 (Trabajos del Departamento de Bibliografía, Serie A: Escritores Contemporáneos, 1).

* * *

AA.VV., *Rafael Morales. 50 años de poesía,* Talavera de la Reina, Excmo. Ayuntamiento de Talavera de la Reina, 1993.
— *Homenaje a Rafael Morales,* Pozuelo de Alarcón, Excmo. Ayuntamiento, 1993.
— *Rafael Morales. Homenaje,* Madrid, Universidad Complutense/Facultad de Filología, 1995.
— *Rafael Morales: La belleza expresiva. Poesía en la diana,* San Sebastián de los Reyes, CEP/Universidad Popular «José Hierro», 1999.
Alarcos Llorach, Emilio, «Rafael Morales: *Canción sobre el asfalto*», *Pliego Crítico,* 1, Oviedo, Facultad de Filosofía y Letras (1955), págs. 18-20.
Aleixandre, Vicente, «Rafael Morales llega a Madrid», *Los Encuentros,* pról. José L. Cano, Madrid, Espasa-Calpe, 1985 (Selecciones Austral), págs. 237-240.
— *Prosa Completa,* Madrid, Visor, 2003.
Alfaro, Rafael, «*Entre tantos adioses.* El último Rafael Morales», *Reseña de Literatura, Arte y Espectáculos,* 247 (1994), pág. 38.
Alvar, Manuel, «La palabra liberada», *Blanco y Negro,* 3893 (6 de febrero de 1994), pág. 8.
— «Paciencia hacia la muerte», *Blanco y Negro,* 3894 (13 de febrero de 1994), pág. 8.
Álvarez, Carlos Luis, «*La máscara y los dientes* por Rafael Morales», *Blanco y Negro,* 2646 (19 de enero de 1963), págs. 80-81.
Álvarez Rodríguez, Marta, «Rafael Morales: *Pretéritos*», *Cien años de poesía. 72 poemas españoles del siglo xx: estructuras poéticas y pautas críticas,* Peter Fröhlicher, Georges Güntert, Rita Catrina Imboden, Itzíar López Guil (eds.), Berna, Peter Lang, 2001, págs. 415-424.

BARCE, Ramón, «*La máscara y los dientes*», *Índice de Arte y Letras*, 175-176 (1963), pág. 37.

BARRERA, José M.ª, «Rafael Morales: *Obra poética completa. Por aquí pasó un hombre*», *ABC Cultural* (15 de enero de 2000), pág. 12.

— «*Poemas de la luz y la palabra*», *ABC Cultural*, 587 (26 de abril, de 2003), pág. 14.

BENÍTEZ CLAROS, Rafael, «La poesía de Rafael Morales», *Cuadernos de Literatura Contemporánea*, 11-12 (1944), págs. 469-470.

BENITO DE LUCAS, Joaquín, *Literatura de posguerra. La poesía*, Madrid, Editorial Cincel, 1981.

CANO, José Luis, «La poesía de Rafael Morales. *El corazón y la tierra*», *Ínsula*, 8 (1946), pág. 6.

— «Breve historia de una colección de poesía», *Cuadernos Hispanoamericanos*, 7-10 (1949), págs. 345-352.

— «La poesía de Rafael Morales», *Ínsula*, 105 (1954), pág. 6.

— «La poesía de Rafael Morales: de *Poemas del toro* a *Canción sobre el asfalto*», *Poesía española contemporánea. Generaciones de posguerra*, Madrid, Guadarrama, 1974, págs. 53-57.

CARNERO, Guillermo, «*Por aquí pasó un hombre*. Rafael Morales». *El Cultural* (16-22 de enero de 2000), pág. 10.

CASAMAYOR, Enrique, «Tremendismo poético», *Cuadernos Hispanoamericanos*, 3 (1949), págs. 745-753.

DÍAZ DE CASTRO, Francisco Javier, «*Entre tantos adioses:* elegía y homenaje en Rafael Morales», *Poesía española contemporánea: catorce ensayos críticos*, Málaga, Universidad, 1997, págs. 169-177.

— «*Poemas de la luz y la palabra*», *El Cultural* (17-23 de julio de 2003), pág. 12.

DÍEZ DE REVENGA, Francisco José, «Rafael Morales: Poesía y poética», *Hesperia. Anuario de Filología Hispánica*, III (2000), págs. 25-34.

D'ORS, Miguel, *Los «Poemas del toro» de Rafael Morales*, Pamplona, Eunsa, 1972.

— «Un tema constante en la poesía de Rafael Morales: el recuerdo del esplendor perdido», *La Estafeta Literaria*, 501 (1972), págs. 26-27.

GAMONEDA, Antonio, «Poesía y conciencia. Notas de una revisión», *Ínsula*, 204 (1963), pág. 4.

GARCÍA DE LA CONCHA, Víctor, *Poesía española de postguerra*, t. I, *De la preguerra a los años oscuros 1935-1944*, Madrid, Cátedra, 1987, págs. 401-410.

JIMÉNEZ MARTOS, Luis, *Informe sobre la poesía española (siglo XX)*, Madrid, Editora Nacional, 1976.

LÁZARO CARRETER, Fernando, «*Entre tantos adioses* de Rafael Morales», *ABC Cultural*, 74 (2 de febrero de 1993), pág. 7.

LÓPEZ, Julio, *Poesía y realidad en Rafael Morales,* Barcelona, Pozanco, 1979 (Col. Ámbito Literario).

LÓPEZ ANGLADA, Luis, *Panorama poético español (Historia y antología, 1939-1964),* Madrid, Editora Nacional, 1965.

LUIS, Leopoldo de, *«Canción sobre el asfalto», Poesía Española,* 34 (1954), pág. 28.

MANRIQUE DE LARA, José Gerardo, *Poetas sociales españoles,* Madrid, EPESA, 1974.

MANTERO, Manuel, «Rafael Morales: *La máscara y los dientes», Revista de Literatura,* XXXIV, 47-48 (1963), pág. 271.

— *Poesía española contemporánea. Estudio y antología (1939-1965),* Barcelona, Plaza & Janés, 1965, págs. 121-126.

MARCO, Joaquín, *Poesía española. Siglo* XX, Barcelona, Edhasa, 1986.

MIRÓ, Emilio, «Rafael Morales: *Poesías Completas», Ínsula,* 256 (1968), pág. 6.

— «Rafael Morales», *Ínsula,* 306 (1972), pág. 6.

— «Continuidad y depuración en el regreso de Rafael Morales», *Ínsula,* 426 (1982), págs. 6-7.

— «Elegía y celebración», *Turia,* 26 (1993), págs. 285-288.

MORENO BÁEZ, Enrique, «Comentario a un soneto de Rafael Morales», *Studia Hispanica in Honorem Rafael Lapesa,* vol. III, Madrid, Gredos, 1975, págs. 363-368.

NAHARRO CALDERÓN, José M.ª, «Rafael Morales y la poesía de lo cotidiano», *Alaluz. Revista de poesía, narración y ensayo,* XXI, 1-2 (1989), págs. 7-12 (con una antología en págs. 13-19).

OLIVEIRA, María Teresa, «El soneto *A un esqueleto de muchacha* de Rafael Morales», *Miscellanea di Studi Ispanici,* 3 (1971), páginas 159-176.

PALOMO, M.ª Pilar, *La poesía en el siglo* XX *(desde 1939),* Madrid, Taurus, 1988 (Historia Crítica de la Literatura Española, 21).

PAULINO AYUSO, José, *La poesía en el siglo* XX*: desde 1939,* Madrid, Playor, 1983 (Lectura Crítica de la Literatura Española, 19).

— «Rafael Morales: la persistencia de una mirada sobre el mundo», *Poetas en el 2000. Modernidad y transvanguardia,* Málaga, Publicaciones del Congreso de Literatura Española Contemporánea, 2001, págs. 255-268.

— «La poesía de la posguerra: cinco primeros libros», *La literatura española en el primer franquismo (1939-1952). Cuadernos del Lazarillo,* 21 (2001), págs. 27-33.

PAYERAS GRAU, María, *Poesía española de posguerra,* Palma de Mallorca, Prensa Universitaria, 1986.

PÉREZ GUTIÉRREZ, Francisco, «Rafael Morales o la fascinación de lo barroco», *Ínsula,* 412 (1981), pág. 11.

ROMARÍS PAIS, Andrés, «Título y co-texto en un poemario de Rafael Morales», *Revista de Literatura,* LVII, 113 (1995), págs. 145-154.
RUBIO, Fanny, «La poesía española en el marco cultural de los primeros años de posguerra», *Cuadernos Hispanoamericanos,* XCII, 276 (1973), págs. 441-467.
RUIZ SORIANO, Francisco, *Poesía de posguerra. Vertientes poéticas de la primera promoción,* Barcelona, Montesinos, 1999.
SERNA, Mercedes, FRANCO, Vicente y ASCUNCE, José Ángel, *La poesía de posguerra* (1), Madrid, Júcar, 1997 (Historia de la Literatura Española, 47).
VALDERREY, Carmen, «Rafael Morales, poeta de la misericordia», *Arbor,* 437 (1982), págs. 99-104.
ZUBIAURRE, Antonio de, «*El corazón y la tierra.* Segundo libro de Rafael Morales», *La Estafeta Literaria,* 29 (25 de junio de 1945), pág. 13.

Obra poética completa
(1943-2003)

A Conchita, mi mujer

Considero definitiva la presente edición de mi poesía.
Todo lo que no figure en ella queda descartado.

R. M.

Rafael Morales con Vicente Aleixandre en los primeros años de la posguerra.

Poemas del toro[1] *(1943)*

[1] Este libro iba dedicado, en todas las ediciones, a Vicente Aleixandre, en reconocimiento del afecto y apoyo que ofreció al joven poeta y al entusiasmo que mostró por estos poemas. La dedicatoria se suprimió, por error, en OPC (1999) y se repone ahora. Cada uno de los poemas tenía igualmente su dedicatario. El autor ha suprimido las dedicatorias de los poemas y ha conservado, en general, las de los libros y así lo mantenemos en esta edición, excepto en los casos que se indican.

En la primera edición el libro aparecía dividido en cuatro secciones, señaladas con numeración de 1 a 4 y que contenían 6, 6, 5 y 2 poemas respectivamente. En PC (1967) y en OP (1982) se han eliminado estas secciones. En OPC (1999) se divide de forma nueva, que es la que aquí aparece: La Parte 1 con todos los poemas-sonetos y la parte 2 con los dos poemas de la primitiva Parte 4, que apunta tal vez a una implícita dimensión social del tema.

En todas las ediciones se reproduce el Prólogo de José M.ª de Cossío.

A Vicente Aleixandre

Prólogo

José María de Cossío

Tuve la fortuna de ser uno de los primeros que escucharon el mensaje poético de Rafael Morales. Oír una voz poética nueva es don de la Providencia para el que toda la gratitud juzgo que es escasa. El contenido poético y su forma son material tan trabajado y traído que sólo un matiz de emoción lírica muy personal o singular puede llevarnos al delicioso engaño que llamamos *novedad.*

Recuerdo un malicioso dicho de un viejo aldeano de mi Montaña, que solía repetir seguramente sin darse cuenta de su profundidad y sugestión: «¿Habrá alguien —decía— que pueda presumir de haber estrenado un espejo?» Ciertamente, todos hemos sentido en nuestra madurez y algún discreto sin duda en su juventud (si hay juventud discreta) la melancolía por no haber podido gozar con discernimiento y goce plenos la primera lectura de una obra genial, la primera audición de una sinfonía maestra o la primera vista de un cuadro valioso. Aun en el caso de desconocer la obra, conocíamos de oídas su tema, su carácter o su argumento, habíamos oído tararear su melodía si, ¡horrible tormento!, no la había aproximado a nuestros oídos la radio; nos habían llegado por la fotografía, o por otro medio cualquiera, las noticias de la composición, el dibujo o el colorido.

Pues bien, para mí la lectura primera de los poemas de Rafael Morales tuvo todo el valor del estreno de una poesía. Ella podía hacerme presumir, con las limitaciones que me parece inútil subrayar, de haber estrenado un espejo.

Fueron precisamente estos poemas del toro los que leí. El tema taurino, tan reiterado en estos últimos años por los poetas, no me previno en favor de la lectura. Salen todos los años centenares de ilusos diestros futuros a lidiar con los toros, y tan sólo uno raro alcanza a practicar suertes que le garanticen la gloria. Semejantemente, toros poéticos se lidian por centenares de poetas, aunque con menos riesgo, y es raro que llegue a rematar alguno un poema con fortuna completa. Pero en el caso de Rafael Morales, la primera sorpresa nos la proporcionó el tema, más táurico que taurino. La alusión a las fiestas de toros es mínima, y, en cambio, hincha el poema la consideración del toro, fuerza oscura y elemental de la naturaleza, impulso cósmico, inquietador e inexplicable, negro mundo del instinto ciego, designio acometedor fuera de toda explicación racional. Morales ha de definirlo insuperablemente. En su cabeza, negra pena rematada por dos furias, suena un rumor de sangre airada,

y hay un oscuro llanto que no suena;

su fuerza tormentosa y enamorada, encerrada en sus huesos, ha de tronar rauda por la arena; en su calavera se agita enfebrecida la tempestad y esta ansia prisionera y apasionada busca la salida por las astas puntiagudas y erectas.

Este concepto primario, sub-biológico, del toro ha de informar la serie de estos poemas. Es el tema que ha de ofrecerse al poeta para una serie de variaciones, no de distinta manera que se ofrece un tema musical a la imaginación y a la técnica del músico. Pero en estas variaciones poéticas no ha de ser el adorno, el recargamiento o la simplificación, la variedad de timbres, o más hondamente el cambio modal o tonal lo que sirva al artista de procedimiento o de pauta, sino, a la manera de los románticos, la melodía ha de ser tan sólo punto de apoyo para una nueva creación o referencia de retorno al tema inicial.

La singularidad de este enfoque, que, como hemos de ver, cuenta con algún precedente, produce la mayor singularidad del tono poético de Morales dentro de la poesía contemporánea. Su voz se sintoniza con el tema, y a su carácter elemental, a su arquitectura de planos intensivos, corresponden un vocabulario y una retórica amplios, plenos y sencillos. No desdeña Morales el primor verbal o el giro levemente artificioso, pero estos episodios no dan el carácter a estos versos, tan distantes de las complacencias retóricas, de las, un tiempo vedadas, delicias conceptistas y culteranas en que tantos buenos poetas de hoy se recrean. No establezco con ello preferencias: pretendo justificar mi afirmación sobre lo singular del envío poético de Rafael Morales. Naturalmente que menos tiene que ver esta poesía con las caducadas posiciones poéticas no conceptuales, o, aún peor, surrealistas. El poeta manipula con lo instintivo, pero muy racional y reflexivamente, que así como dijo Cervantes que para hacer el papel del bobo en la comedia se necesita mucha discreción, para interpretar lo elementalmente biológico e instintivo se necesita muy refinada sensibilidad y muy claro despejo.

Dije de pasada que el tema taurino, tal como lo enfoca Rafael Morales, no carecía de antecedentes. Voy a exponerlos muy someramente y hasta con lagunas de siglos, porque ellos mismos darán la medida de la originalidad de nuestro poeta. El tema del toro bravo en el campo tiene una viejísima tradición, y viene rodando desde los poemas clásicos latinos (Virgilio, Lucano, Estacio...). En las comparaciones que prodigan, conforme a las maneras de la épica erudita, las provenientes del recuerdo del toro en el campo, son piezas magistrales especialmente en temas heroicos, en los que la valentía del toro daba material para cien variantes adecuadas. He aquí una gran octava con la que Jáuregui traduce una de estas comparaciones del poema de Lucano:

> Como gran toro que se embosca y brama,
> sobrepujado del contrario apenas,
> donde con pie feroz trilla la grama,
> cava los centros, siembra las arenas,
> experimenta el cuerno en tronco o rama,
> orgullo vencedor hierve en sus venas
> hasta cobrarse en fuerzas, que le llamen
> con vigor nuevo el áspero certamen...

En los poemas épico-eruditos españoles la imitación de pasajes como éste es constante. *La Araucana*, *El Bernardo*, *Arau-*

co domado, de Pedro de Oña, creo que puede afirmarse que todos dan lugar a comparaciones como la propuesta. Citaré tan sólo una de *El Bernardo,* en la que es de notar la enérgica valentía de la traslación final que no parecería mal en el más reciente poema:

Así el toro andaluz desjarretado
suele al prado venir dando bramidos,
y en el sangriento suelo destroncado
la selva asombra y braman los ejidos...

Tal práctica poética se transmite a poemas menores, e incluso a poesías líricas, y llega intacta hasta nuestros poetas románticos. En *El diablo mundo,* el desbaratado y genial poema de Espronceda, se encuentra esta octava:

¿Visteis el toro que celoso brama,
la cola ondea sacudida al viento,
que el polvo en torno levantado inflama
envuelto en nube de valioso aliento,
y ora a su amante palpitante llama,
ora busca en su cólera violento
con erizado cerro y frente torva
quién el deseo de su amor estorba?

La conquista del paisaje, para la poesía, como condicionador de estados psíquicos, es conquista relativamente reciente, y Rafael Morales la emplea con sobriedad y tino, pero no era desconocida ni en el tratamiento de este tema. Ya Lope de Vega, en su famosa maldición al novillo de la boda de Peribáñez, había dicho con ejemplar justeza:

¡Oh, malhayas el novillo!
Nunca en el abril lluvioso
halles hierba en verde prado
más que si fuera en agosto;
siempre te venza el contrario
cuando estuvieres celoso,
y por los bosques bramando
halles secos los arroyos.

Modernamente, el tema entra en la categoría de sustantivo y desinteresado. La gran *Gesta del coso,* de Rubén Darío, y cien poemas de poetas modernos le dan cabida en sus versos. La memoria del lector culto debe ahorrarme la copia de ejemplos demostrativos. Pero hay una tendencia de origen poco castizo que un poeta de personalidad acusadísima hace nuestra, y que conviene señalar. Creo que es el novelista francés Henry de Montherlant quien ante la visión del toro en el campo, en su conocida novela *Los Bestiarios,* hace sonar con medido acento su himno al toro, libre símbolo de la fuerza y el vigor, objeto de devoción y holocausto en los ritos de extinguidos cultos. El gran poema *La toriada,* del nunca bastante llorado Fernando Villalón, toma este tema, que alcanza su máxima expresión en el coro alternado de eunucos y bicornios, verdaderamente magnífico.

Pero la inspiración de Rafael Morales nada tiene que ver con este sentido simbólico y religioso del toro. Más próxima está de un poeta andaluz, Felipe Cortines Murube, de escasa difusión, aunque no de tan escaso mérito, que, no en su libro de poesía estrictamente taurina, *El poema de los toros,* sino en unas narraciones de sabroso y docto andalucismo, *La collera de avutardas,* injiere versos como éstos:

> ... la brama ululante
> por el agro dormido,
> la brama de los toros en la noche
> tiene la fuerza de un hermoso símbolo;
> es el poder de la Naturaleza
> culminando en la gloria del instinto.

Sí; el bramar de los toros en la noche tiene un sombrío prestigio; la ronca voz de las bestias se convierte para el poeta en una fuerza más de la Naturaleza, misteriosa y enérgica. Y aquí sí que estamos al borde del sentido de los poemas de Rafael Morales. Pero lo que en esos otros poemas es episódico o está desviado a otras intenciones, en nuestro poeta es sustancial, médula de su sentido de esta poesía táurica, su contenido y razón de ser. Esta consideración del toro, continente de fuerzas ciegas, impulso de acometividad oscura y trágica del instinto vital, es primordial en Morales, y sin la sensibilidad fina y fuerte, precisa para bucear en tan tenebroso mundo, no hubieran existido sus poemas. Pero sobre tal mundo irracional y monstruoso cabe tender la capa recamada de la retórica y sobre todo el velo tenue de la sensibilidad e incorporar tales temas al área de nuestro sentimiento humano y racional, y no sólo abandonarnos a la elegía del toro muerto o el toro viejo, sino asociar el llanto del toro al suceso de la muerte del buen vaquero.

Así veo y considero ese aspecto de la poesía de Rafael Morales, que podría ser enjuiciada a otra porción de luces, poeta de Talavera de la Reina, castellano nuevo, geográfica y temperamentalmente, que evoca en el lugar de su nacimiento la tragedia taurina de mayor repercusión, por la que acaso aún levantan las vacas bravas su cabeza espantada olfateando la muerte.

Madrid, enero de 1943.

1

EL TORO

Es la noble cabeza negra pena
que en dos furias se encuentra rematada,
donde suena un rumor de sangre airada
y hay un oscuro llanto que no suena.

En su piel poderosa se serena
su tormentosa fuerza enamorada
que en los amantes huesos va encerrada
para tronar volando por la arena.

Encerrada en la sorda calavera,
la tempestad se agita enfebrecida,
hecha pasión que al músculo no altera:

es un ala tenaz y enardecida,
es un ansia cercada, prisionera,
por las astas buscando la salida.

MATERNIDAD[1]

¿Qué dulce porvenir aprisionado
presientes en tu entraña silenciosa,
qué nueva luz abriose temblorosa
al silencio del vientre sosegado?

Un cálido rumor se ha despertado
hecho suave invasión de tibia rosa,
abriendo su inocencia venturosa
en un mundo secreto, no tocado.

¿Qué céfiro sutil da su tibieza
y su anhelante corazón levanta
con una mansa y tímida pereza?

¿Y qué templada primavera canta
y sus pálidas rosas desperezа
hecha amante mugido en tu garganta?

---

[1] En PC (1967) y OP (1982) el título se completa como MATERNIDAD DE LA VACA. Este cambio se produjo a partir de 1952, al aparecer el poema suelto en las antologías. Aquí vuelve al título original, pues la especificación es innecesaria cuando la composición se publica formando parte del libro.

TORO DE AMOR Y AUSENCIA

Tu ausencia está en mi sangre y en mi vida
hecha forma de toro enamorado,
que embiste por mis huesos desbordado,
buscando por mi pecho la salida.

Y este toro constante en la embestida
te busca por mi piel ensangrentado,
te busca por mi frente, te ha buscado
por estos labios que tu amor olvida.

Toro de amor, de llanto, de tristeza,
toro inclemente en loco desvarío,
no busque su presencia tu fiereza.

Secose el dulce arroyo en el estío,
no besarán mis labios su pureza,
tan sólo amarga tierra, ¡toro mío!

TORO EN LA PRIMAVERA

¿Quién serena tu sangre y valentía?
¿Quién serena tus astas, tu coraje?
¿Cómo quedose quieto el oleaje
de esta sangre tenaz siempre en porfía?

Una tranquila y lánguida armonía
tiene tu corazón con el paisaje,
que extiende largamente su ramaje
como un vuelo parado en su alegría.

¡Qué apacibles tus astas luchadoras
entre el viejo encinar meditabundo
cargado por el peso de las horas!

¡Qué profunda la luz y qué profundo
el silencio del aire en que tú moras
ajeno y olvidado de este mundo!

MUGIDO

Odio, rencor, amor desordenado
te crecen procelosos por las venas
e irrumpen en el aire que tú llenas
de un delirio de fuego huracanado.

Prisionero en tu piel y enamorado,
suenan en tu garganta las cadenas
y todo tú, vibrante toro, suenas
desde tu honda carne encarcelado.

Levantas tu dolor y tu fiereza
y surges en los aires de tal suerte
que solamente impera tu cabeza.

Mas no te escaparás: sólo la muerte
derribará tu llanto y tu grandeza
y te dará la paz para tenerte.

A UN TORO VIEJO

Tanto valiente amor tuviste preso
en el testuz tenaz y atormentado,
que me aflige el pensar que lo has trocado
en llanto y en dolor y en grave peso[1].

Tú naciste huracán de plomo espeso,
ardentísima luz, aire angustiado,
y la noche del tiempo ya ha empezado
a crecerte en la carne y en el hueso.

Doblarás tu cabeza, ya vencida,
tus nobles huesos quedarán desiertos
y en seca flor tu sangre convertida.

Y unos aires oscuros, largos, yertos
empujarán tu corazón sin vida
al misterioso túnel de los muertos.

---

[1] Tanto el uso del verbo *trocar* (v. 3) como la enumeración *llanto* y *dolor* y *grave peso* evocan el léxico, ritmo y sistema poético clásicos. Así, por ejemplo, en Garcilaso, Soneto X: «con tan grave dolor...», o Égloga I, 228: «grave sentimiento». «Llanto» y «soledad» en vv. 290-291. Igualmente ocurre con el participio «airada», referido a «sangre» en Morales o a la muerte en Garcilaso (Égloga I, 340). «El agudo rayo de la espada», metáfora evidente, recuerda, sin embargo, los «agudos filos de la muerte» de la Égloga I, 262. El aspecto bucólico se evoca en «dulce arroyo» de «Toro de amor», que recuerda el frecuente uso del adjetivo «dulce» en el poeta clásico. (en particular: «el agua dulce» de la Égloga II, 2). Rafael Morales confirma haber leído ya entonces completo a Garcilaso y parcialmente a Herrera, además de los poetas del Barroco: Quevedo, Góngora y Lope de Vega. Una parte significativa del léxico del soneto de Quevedo: «Con la comparación de dos toros celosos, pide a Lisi no se admire del sentimiento de sus celos» se reconoce en los versos de Morales: «dura valentía», «violenta», «amante», «frente», «porfía», «tenaz»... (Una referencia minuciosa en Miguel D'Ors: *Los «Poemas del toro» de Rafael Morales, op. cit.,* págs. 18-19.)

MUERTE DEL TORO[1]

Mira qué pase, oh toro, qué desvío
de la muleta al aire desplegada,
mira pasar su ala derramada
sobre tu negro y rumoroso río.

Pronto caerá tu pleno poderío,
pues ya el agudo rayo de la espada
va en tu celeste noche huracanada
con un acento perfilado y frío.

¡Ay!, cómo crece el suelo, cómo crece[2],
cómo llama la tierra a tu costado
y cómo turbia y grande se te ofrece.

Adiós tu yerba de frescor salado
y este viento que llega y desfallece,
que acaso viene, oh toro, de tu prado.

---

[1] Este poema no figura aún en la primera edición. Se añade en *Poemas del toro y otros versos* (1949).

[2] El v. 2 del soneto mencionado de Quevedo dice: «crecer el suelo y acortarse el día», aunque el sentido de la imagen es diferente en ambos textos.

TOROS EN LA NOCHE[1]

Cuajado de tristeza y de agonía,
el encinar rotundo y soñoliento
hunde su soledad en este viento
amargo de la verde serranía.

Y la noche de hierro, sorda y fría,
parece que se pone en movimiento
cuando siente en su carne el turbulento
mugir de fieros toros en porfía.

Toda la noche suena y se estremece
y fundida con toros y paisaje
rueda redonda, caudalosa crece.

Todo el campo se inflama de coraje
y el viento tormentoso bien parece
un pecho desgarrado en el ramaje.

[1] Con este soneto comenzaba en la primera edición la parte 2, que contenía seis poemas.

A UN TORO BLANCO

Este fuego que habita tu osamenta
se lamenta sonoro, bravo y ciego,
pues no comprende que se llame fuego
mientras la nieve de tu piel sustenta.

Esta llama febril, alta y violenta
que da a tu vida rumoroso riego
no comprende que finja tal sosiego
el fiero corazón de la tormenta.

El asta silenciosa y elevada
libera de tu invierno reposado
la ardiente plenitud de tu cornada.

¡Oh rayo blanco, incendio congelado,
agosto disfrazado de nevada,
por el bronco mugido delatado![1].

[1] Pasamos de la oposición petrarquista fuego/nieve, aplicada de manera original al toro, al oxímoron barroco: *incendio congelado,* de fuerte expresionismo.

TORO EN LA SERRANÍA[1]

Qué alegría en el campo, qué alegría,
qué rumor de romero y amapolas.
Cuántas olas de yerba, cuántas olas
mueve el viento en la aurora nueva y fría.

Muge el toro a la sierra, desafía
a las más altas cimas y más solas,
y tú, tierra, te alzas y enarbolas,
como un toro feroz, tu serranía.

¡Ay, tierra de mi España, de mi vida,
toro de tierra que en mi tierra siento,
oigo mugir tu roca más hundida!

¡Ay, tierra de mi España, de mi aliento,
como el toro de brava, estremecida,
levantando tus sierras contra el viento!

---

[1] No figura en la primera edición. Se añade al libro también en 1949: *Poemas del toro y otros versos*. Señala el poeta que, con esta composición, pretendió «dar mayor relieve al símbolo hispánico del toro, que apenas si se insinuaba anteriormente, puesto que yo cantaba sobre todo al animal real...» *(Poemas del toro,* Ed. La Palma, 1993, pág. 20).

LIDIA[1]

¡Oh, qué templado lance, qué revuelo,
qué embite tan feroz y tan valiente
bajo el trapo fugaz que el toro siente
imitando en el aire un breve cielo!

¡Oh, cuánta furia, cuánto desconsuelo
en el toro que embiste nuevamente,
hecho negro relámpago caliente
que puebla de rumor ardiente el suelo!

Mas el ansia tenaz y desbordada
del fiero corazón que va burlado
no saciarás jamás, ¡triste porfía!,

que tienes ya en tu carne la estocada
y vas hacia la muerte derrotado,
acornalando el aire en la agonía.

---

[1] Se presentan en esta composición dos de las escasas alteraciones o creaciones léxicas propias del poeta. Verso 2, *embite* (de *envite,* apuesta arriesgada y empujón, con sugerencia y cruce de *embiste,* por la ortografía), que Morales explica como «viejo capricho ortográfico de escribir *embite* con b cuando me refiero a la embestida del toro, simplemente porque me parece más especificativo y con nuevo valor semántico» *(Por aquí pasó un hombre. Antología,* pág. 21). Y en el verso 14 *acornalando* parece un derivado, sustituto de cornear, semejante a «acuchillando». (El *Diccionario* de la RAE no recoge el término *acornalar,* pero sí otro que puede servir de base a la creación del poeta: *acornear* como dar cornadas.)

EL BUEY

La tarde desolada va cayendo
sobre tus cuernos, mustia y dolorida,
y en tus huesos cansados va creciendo
el amargo sabor que da la vida.

El rumoroso mundo que estás viendo
con su sonora carne te convida
y tú del dulce mundo vas huyendo
para halagar la mano que te cuida.

Buscó el amor regiones más amenas
y, dejándote el yugo por amigo,
abandonó en tu sangre lentas penas,

quedándote tan sólo por testigo
la fría soledad de las arenas,
el cielo grande y el rumor del trigo.

PICADOR

Qué arrebato de roca desgajada
lleva tu negro cuerpo hacia el jinete
y cómo con su pica te somete,
te vence y te detiene la cornada.

No queda tu esperanza eliminada
por la tremenda puya que te mete,
y el asta derrotada le acomete,
volviendo pesarosa y engañada.

No cesas de empujar, tu sangre brota
poderosa y febril, altiva, fiera,
mientras gime la puya casi rota.

Y aunque tu corazón se desespera
al ver ya la esperanza tan remota,
no abandona la pica traicionera.

TORO MUERTO

Un trueno congelado es tu cabeza,
que coronan dos rayos afligidos,
dos rayos silenciosos, detenidos
por la muerte que puebla tu fiereza.

Derribada cayó tu fortaleza,
tus bravos huesos míralos vencidos,
los mares de tu sangre convertidos
en un inmóvil llanto sin braveza.

La muerte ya la ves: un simple ruido,
una mano tenaz, febril, helada
sobre el amante corazón rendido.

Y mira qué inclemente y sosegada
juntó tu brava sangre y el olvido,
en ti implantando el reino de la nada.

TORO SIN MAYORAL[1]

Al vaquero muerto
Martín de la Torre

Un toro solo en la ribera llora

M. HERNÁNDEZ[2]

Has de llorar, oh toro, en la ribera
del afligido, suspirado río,
que en una noche lívida de estío
se llevó al mayoral que te quisiera.

Y quizás, bravo toro, más valiera
que te llevase a ti por su sombrío
y verde corazón de nardo frío
hacia una misteriosa primavera.

¡Oh poblador oscuro de la pena!,
¡oh gemebundo toro sin contento!,
¿oyes su corazón bajo la arena?

¡Oh, tú, afligido toro ceniciento!,
¿oyes su voz de mando en la serena
soledad luminosa de este viento?

---

[1] Aquí comenzaba la parte 3 en la primera edición del libro y contenía cinco poemas solamente.

[2] Este epígrafe corresponde al verso 13 del soneto 26 de *El rayo que no cesa*. El poeta ha explicado en varios de sus comentarios la ocasión en que añadió, a mano, esta cita en el soneto ya escrito y las circunstancias que la hicieron desaparecer, primero en la edición parcial de *Escorial* (1942) y luego en las siguientes, hasta que se repuso de forma definitiva en la tercera edición, de 1952.

CHOTO

Corre feliz el choto por el prado,
ajeno aún al dolor y a la tristeza,
sintiendo ya que brota en su cabeza
el cuerno temeroso y afilado.

Siente su corazón todo inundado
de un ansia nueva que a crecer empieza
y siente concentrarse su fiereza
en el joven testuz ensortijado.

No sabe cómo fue, cómo ha surgido
este imprevisto afán, este ardimiento,
y lanza loco un cálido mugido.

Siente un febril impulso, un gran contento,
mira y contempla todo sorprendido
y da el primer embite para el viento[1].

[1] De nuevo la forma propia *embite,* aquí con más claro significado de empuje, equivalente a embestida.

PASIÓN

Tras el engaño de la capa suave
un encendido toro va burlado
y siente con furor que el trapo alado
se le escapa ligero como un ave.

Así va mi pasión tras ese grave
fantasma vaporoso que he soñado,
y despierto creyéndole alcanzado,
mas viento sólo entre mis brazos cabe.

Y así mi corazón, igual que el toro,
desborda su pasión huracanada
hecho dolor bravísimo y sonoro.

Mas la ilusión ha sido derrotada
y la sangre se ha vuelto largo lloro
bajo el reinado firme de la espada.

TORO EN SU PAZ[1]

Miré tu piel nocturna, tu pausado
paso entre las encinas rumorosas,
miré tus firmes astas silenciosas,
tu músculo soberbio y sosegado.

Te vi bajo el ocaso por tu prado,
lleno de paz y de ventura hermosas,
doblar las graves patas poderosas
y apoyar en la yerba tu costado.

Quedó serena, quieta tu cabeza
bajo el duro verano riguroso
que inundaba tu sangre de pereza.

Y así, solemne, grave, venturoso,
pleno de soledad y de belleza,
quedaste sobre el campo, silencioso.

---

[1] No figura en la primera edición y se añade en fecha tan tardía como 1958 en *Antología y pequeña historia de mis versos*. Es así el último soneto incorporado al libro y tal vez pretende compensar los otros añadidos, que insistían en la dimensión «taurina», mientras que éste vuelve a la originaria inspiración «táurica».

AGONÍA DEL TORO

Una mano de niebla temerosa
llega a tu corazón doliente y fría
y aprieta lentamente, como haría
el aire más sereno con la rosa.

Su dulce sombra, mansa y silenciosa,
sube a tus ojos su melancolía,
apagando tu dura valentía
en la pálida arena rumorosa.

La dura pesadumbre de la espada
no permite siquiera tu mugido,
poderosa y tenaz está clavada.

Tú ves cerca de ti a quien te ha herido
y tiendes tu mirada sosegada
sin comprender, oh toro, cómo ha sido.

CHIQUERO[1]

Ya se hizo el encierro, el apartado,
y este tu negro viento rudo y fiero,
entre cuatro paredes prisionero,
puja, resuena, muge huracanado.

Ya la luz de tus campos se ha acabado.
Sólo a través de un mínimo agujero
te pone el sol —redondo mensajero—
un tábano de oro en el costado.

Contigo está la noche encarcelada,
en piedra y cal delimitada, inerte,
contigo está la noche ya hermanada.

Mas le abrirán la puerta, de tal suerte
que el sol la dejará de luz colmada
y tú la llevarás dentro, en tu muerte.

[1] No figura en la primera edición y se incorpora también a partir de 1952 en la tercera edición de la obra (publicada por Afrodisio Aguado como reedición de la de 1949). Los tres sonetos añadidos en esta ocasión desarrollan más la «tragedia táurica» en la lidia. Además de éste son los titulados «Ruedo» (a continuación) y «Plaza desierta».

RUEDO[1]

Y ya estás en el ruedo. En sol y sombra,
redonda está la muerte que te espera,
la muerte que te cita, que te nombra
tras la purpúrea capa volandera.

Tras la purpúrea capa, roja vela
que, al oleaje negro de tu paso,
de tu viento sonoro, sube y vuela
hacia la turbia sangre del ocaso.

Y tú, gran mar nocturno, negro toro,
sigues lanzando al aire tus cornadas
igual que tormentosas, fieras olas.

Pronto se calmará tu mar sonoro
y quedarán tus astas sosegadas,
calladamente con la muerte a solas[2].

---

[1] Añadido en la tercera edición del libro, 1952.

[2] Este último terceto ha cambiado desde OP (1982), ya que en su primera versión y en PC (1967) se leía:

> *Pronto se calmará tu mar sonoro*
> *y sobre él redondas, sosegadas,*
> *llorarán silenciosas amapolas.*

La imagen del toro como mar recuerda el poema «Toro» de Vicente Aleixandre en *Espadas como labios* (1932), otra de las influencias de este libro: Como ejemplo: «Oh tú toro hermosísimo piel sorprendida / ciega suavidad como un mar hacia adentro»... «Ternura delicada sobre una piel de mar / mar brillante y caliente...». Para la presencia de Rafael Alberti, en éste y otros casos, véase Miguel D'Ors, *op. cit.*, págs. 23-24.

PLAZA DESIERTA[1]

La plaza está desierta. Por la arena
queda el rastro del toro ensangrentado,
y una luna redonda, roja, llena,
colma la plaza con su rostro helado.

La sangre ya, sin la azulada vena,
en mil pequeñas lunas ha quedado
olvidada, sin dueño, quieta, ajena
al tormentoso corazón amado.

Pasó la vida por aquí llevada,
pasó un gran mar, un viento, una tormenta,
pasó mugiendo un toro hacia la nada.

La luna fría, silenciosa, lenta,
vierte en la copa de la plaza helada
soledad infinita, muda, cruenta.

[1] Éste es el tercero de los sonetos añadidos en la tercera edición de 1952.

TORO EN EL BRONCE

¿Quién pudo, quién, parar la primavera?
¿Quién pudo, quién, encarcelar el viento?
¿Y quién pudo hacer siglo este momento
en tu noble cabeza justiciera?

Tu inclemencia la tienes prisionera
en el bronce rotundo y sin aliento,
tienes encarcelado el movimiento
por esta nueva carne duradera.

Has quedado del tiempo compañero,
con el alma parada en el mugido
que levantas al aire, prisionero.

No te podrás marchar, que estás prendido
por el bronce callado y duradero
contra toda mudanza y todo olvido.

2

TORO DE CASTA[1]

Un mar espeso de delirio y plomo
se agolpa en tu mirada y en tu hueso,
se te agolpa sonoro, inacabable
en la elevada soledad del asta.

En sus aguas las garras más feroces
cierran sus uñas, sus más ardientes odios
contra el vivo deseo que escapa como el aire.

Oh fracasadas garras sin cautivo,
horadándose a sí y odiando siempre
bajo el negro secreto de este toro.

Mas este mar de anhelos y de ira
no surgirá en la luz para invadirla,
para ocultarla toda y dominarla
con el espeso llanto de sus aguas.

Oh mar de fuego gritando su dolor más profundo,
como un ansia infinita, como un llanto inaudible,
como un bosque incendiado que con sus mismas procelosas
[llamas
mata a las propias fieras más queridas,
a los azules pájaros que guarda[2].

Oh pájaros, deseos que buscan otro aire
para invadirlo con sonoras alas;
pero que no lo alcanzan, y, abrasados,
cuando intentan fugarse por las astas,
caen otra vez al mar, que vuelve a darles vida.

---

[1] Aquí comenzaba la parte 4 de la primera edición, claramente delimitada por la métrica de los dos poemas; se mantiene como Parte 2 en esta revisión definitiva.

[2] Miguel D'Ors señala la relación de estos versos con las imágenes y el ritmo de Aleixandre en *La destrucción o el amor* (1935).

LUCHA DE TOROS

El odio levantando sus espumas
en las astas se espesa y se concreta.

Rotundas las cabezas, como rocas,
se acometen tronando, retumbando
en el ciego corazón de los aires.

¿Qué tenebrosa fuerza, qué delirio
mueve los corazones de estos toros?

¿Qué río de odio, de dolor, de ira,
se despeña en las astas
y qué secretos ángeles de vino
enloquecen la tarde pateada?

El corazón y la tierra[1]
(1946)

[1] En este libro se mantiene la división en cuatro partes de la primera edición, pero se suprimen hasta nueve poemas de los treinta y cinco recogidos inicialmente. La mayor parte de ellos pertenecían a la segunda sección, como se indicará. Hay además numerosas supresiones y cambios textuales que se indican en nota, aunque respetando la voluntad del poeta de no considerar ya lo que él ha rechazado.

En las diferentes recopilaciones las fechas de composición y edición aparecen así: PC (1967): *(1941-1945);* en OP (1982): *(1941-1945)/1946.*

Madre tierra[1]

[1] 1.ª ed.: LA MADRE TIERRA. Así también en PC (1967) y OP (1982). De esta sección se ha suprimido el poema: «A un jilguero muerto al pie de un olmo», que se mantiene todavía en PC (1967) y ya ha desaparecido en OP (1982).

EL HOMBRE[1]

Crece tu arcilla alta y sosegada
desde el fondo del mundo hasta tu frente,
que eleva altiva y venturosamente
una ilusión de ala en tu mirada.

Mas, ¿no sientes del hondo la llamada
y ascender por tu sangre lentamente
algo que es tierra y que pesadamente[2]
busca tu corazón para morada?

Despoblado de sueños y de besos
volverás a la tierra rigurosa
que a tu planta se agolpa y se te aferra.

Con un silencio cósmico en los huesos,
habitarás la noche caudalosa,
hombre que, al fin, naciste de la tierra.

---

[1] Este poema y el siguiente han cambiado el orden de aparición respecto de la primera edición y de PC (1967) y OP (1982).

[2] 1.ª ed.: *algo de tierra que pesadamente* (ya cambiado en PC 1967 y siguientes eds.).

A UN NIÑO RECIÉN NACIDO

Oh, tibio cuerpo, casi luz rosada,
vivo nácar reciente que atesora
la gracia transparente de la aurora
sobre la piel levísima y dorada.

¡Ay, humana y celeste madrugada
donde la luz del sol se hace sonora!
¡Ay, suspiro hecho carne, donde mora
la inmensidad del sueño concentrada!

Rama del beso tú, que, leve y pura,
tienes raíz en la pasión amante,
en una humana y sideral locura.

Tibia luna rosada y palpitante,
dulce vuelo parado en la hermosura
que ha surgido del cielo de un instante.

TIERRA HE DE SER

Mi corazón enamorado, un día
se ha de secar como una fruta vieja[1]
y amargo se hundirá, lleno de sueños,
en el vasto silencio de la tierra.

Tierra han de ser mi amor y mi ternura,
mi amante corazón, mis largas penas,
callada soledad sin movimiento,
una infinita y sideral ausencia.

Tú soñarás que vivo todavía
y sentirás bajo tus pies mi tierra,
y, si miras el cielo venturoso,
comprenderás mi soledad inmensa.

¡Qué terrible es pensarse, si se ama,
vecino eterno de la eterna piedra!

---

[1] 1.ª ed.: *se secará* (cambiado desde PC 1967).

A UNOS LABIOS SIN AMOR

¿Para qué tanto fuego y tanta loca
plenitud de color y lozanía,
si tan sólo tenéis por compañía
la soledad de vuestra misma boca?

Buscasteis el amor y se hizo roca.
¿Para quién esa llama, esa porfía,
si vuestra roja y prieta valentía
al aire más ajeno desemboca?

Esa vibrante luz desordenada,
tras la doliente piel en la que brilla
se quedará en sí misma sepultada.

O ha de quedarse pálida, amarilla,
desmayándose lenta, calcinada,
y soñando el amor desde su orilla.

A UN POTRO BLANCO MUERTO EN UNA NOCHE DE LUNA

Céfiro casi, viento adolescente,
cálida nieve con temblor alado,
tibio rayo de luna, derribado
en la noche tranquila y transparente.

Tu juvenil cabeza, tiernamente
yace en la yerba del abril soñado.
La luz helada el corazón rosado
de nieve te pobló tempranamente.

¡Ay, esa yerba de frescor y menta
que el clavel de tu lengua recogía
en la tibia mañana blanca y lenta!

Todo se fue con esta luna fría...
¡Ay, tu cabeza núbil y violenta!
¡Ay, cadáver de un viento que se enfría!

A UN ESQUELETO DE MUCHACHA

Homenaje a Lope de Vega[1]

En esta frente, Dios, en esta frente
hubo un clamor de sangre rumorosa,
y aquí, en esta oquedad, se abrió la rosa
de una fugaz mejilla adolescente.

Aquí el pecho sutil dio su naciente
gracia de flor incierta y venturosa,
y aquí surgió la mano, deliciosa
primicia de este brazo inexistente.

Aquí el cuello de garza sostenía
la alada soledad de la cabeza,
y aquí el cabello undoso se vertía.

Y aquí, en redonda y cálida pereza,
el cauce de la pierna se extendía
para hallar por el pie la ligereza.

---

[1] Se refiere el poeta al soneto de Lope de Vega: «A una calavera», cuyos primeros versos dicen: «*Esta cabeza, cuando viva, tuvo / sobre la arquitectura de estos huesos / carne y cabellos, por quien fueron presos / los ojos que, mirándola, detuvo.*» Luego el poeta moderno imita otros recursos, como la anáfora de los versos 5, 7, 9 y 11: «*Aquí la rosa de la boca estuvo... aquí los ojos de esmeralda impresos... Aquí la estimativa en que tenía... aquí de las potencias la armonía*» (*Obras poéticas de Lope de Vega*, ed. de José M. Blecua, Barcelona, Planeta, 1983). Para «cabello undoso», véase F. de Quevedo: «Afectos varios de su corazón fluctuando en las ondas de los cabellos de Lisi.»

Esto es amor[1]

Esto es amor. Quien lo probó lo sabe

LOPE DE VEGA

[1] El título original de la segunda sección era EL CORAZÓN HERIDO (que mantiene en PC 1967 y OP 1982). Por supuesto carecía de la cita del soneto de Lope de Vega, que comienza: «Desmayarse, atreverse, estar furioso...» y que concluye: «Esto es amor: quien lo probó lo sabe» *(Rimas,* 1609, número 126 en la ed. de José M. Blecua). Constaba de once poemas, de los que se suprimen finalmente cuatro: «Beso», «Poema del cuerpo amante», «Caricia» y «Frontera del corazón», aunque los tres primeros todavía aparecen recogidos en la edición de PC (1967). Otros poemas cambian su posición en el conjunto.

PENA

Qué pena ser dos, quererse
y estar llenos de delirio.

Qué pena ser dos, qué pena
pensar que son dos caminos...
Ay, qué tremendo es pensar
que dos nunca son lo mismo,
que dos vientos diferentes
llevan camino distinto.

DESEO[1]

Eres como la luz, muchacha mía,
dulcemente templada y transparente;
caricia toda tú, la piel te siente
con plenitud frutal de mediodía[2].

Eres la gloria tú que tiene el día[3],
el día tú creciéndome inocente
por este pecho, amor, por esta frente,
por esta sangre que la tuya guía.

Ay, terca luz, abrásame en tu cielo[4],
donde la maravilla me convoca
al gozo fugitivo de tu vuelo[5].

No me des tu calor como a la roca,
dame mi vida en él, que sólo anhelo
hallar a Dios en tu abrasada boca.

---

[1] Dedicatoria: *A Conchita.*
[2] *como una mano que mi Dios envía* (1.ª ed. y PC 1967. Cambia en OP 1982).
[3] *Eres el alma (ídem).*
[4] *Ay, fuego, luz, (ídem).*
[5] *cielo de Dios que Dios tan sólo toca / con su imponente y poderoso vuelo (ídem).*

OCASO[1]

Yo estaba junto a ti. Calladamente
se abrasaba el paisaje en el ocaso
y era de fuego el corazón del mundo
en el silencio cálido del campo.

Un no sé qué secreto, sordo, ciego,
me colmaba de amor; yo, ensimismado,
estaba fijo en ti, no comprendiendo
el profundo misterio de tus labios.

Puse mi boca en su insistencia pura[2]
con un temblor casi de luz, de pájaro,
y vi el paisaje convertirse en ala
y arder mi frente contra el cielo alto.

¡Ay, locura de amor!, ya todo estaba
en vuelo y en caricia transformado...
Todo era bello, venturoso, abierto...
y el aire ya tornose casi humano.

---

[1] Cambia el orden de «Ocaso» y «Primavera» respecto de la 1.ª ed. y de las restantes de *Poesías completas* y *Obra poética*.

[2] *Puse la mano en tu mejilla pura* (1.ª ed. y PC 1967. Cambia en OP 1982).

PRIMAVERA

Era una noche azul; la primavera
inundaba mis sienes y mis manos,
y era el mundo, muchacha, un fruto inmenso,
cálido, abierto, mudo y entregado.

Sentí mi carne desprenderse, irse
por el paisaje misterioso y claro;
mi sangre fue con los arroyos lentos,
mi corazón perdiose en el espacio.

Era hermoso en la piel sentir el roce,
hecho leve suspiro, de los astros,
y tener en la mano, dulcemente,
un murmullo de nubes y de pájaros.

Me fundí con el aire, con las cosas,
sentí el fondo del mundo entre los labios
y palpité, en la noche inmensa, grande,
como un tremendo arcángel derramado.

INSTINTO[1]

He de sembrar tu tierra, amada mía,
de esta semilla amante, huracanada,
que me duele en el alma, aprisionada
por esta piel, o cárcel, o agonía.

No sé qué fuerza, con tenaz porfía,
me convoca en tu entraña. A su llamada
marcha hacia ti mi sangre enamorada,
increíble, ancestral, cálida, umbría.

Ciego de amor, en proceloso anhelo
voy desde el corazón a tu figura,
delirante de instinto y de desvelo.

Llena mi soledad, mi noche oscura
y el cósmico silencio de este cielo
que amenaza mortal desde la altura.

[1] 1.ª ed.: HUMANO INSTINTO (cambiado ya en PC 1967 y siguientes).

Soledad[1]

[1] 1.ª ed., PC (1967) y OP (1982): CARNE DE SOLEDAD. De esta parte se suprimen algunas composiciones y otras cambian de posición. Los poemas suprimidos son: «Huella de ti» y «Soledad». Éste, sin embargo, es el primero de la sección en PC (1967) y OP (1982).

DOLOR AMANTE[1]

¡Qué dolor de tierra inmensa,
de infinito sordo, amargo,
abre sus alas de cuervo
en mi corazón...!

(Lejanos
pasan impasibles, duros,
calladamente, los astros.)

¡Qué dolor de tierra inmensa
tiene mi cuerpo olvidado,
agudo grito en la noche
que yo estoy, solo, escuchando!

[1] Figuraba en la segunda sección, aunque cambia ya de posición en PC (1967).

EL AMANTE SOLITARIO

Este dolor de ave de aprisionado vuelo
que llevo en la mirada y en mis labios sin nadie,
este deseo que llega presuroso a mis dedos
palpa sólo la amarga inclemencia del aire[1].

De todo lo que eras ya no me queda nada,
yo habitaba tu luz y ahora habito tu noche,
la ausencia ahora se llama como tú te llamabas
y establece su patria donde triunfó tu nombre[2].

---

[1] *este deseo que llevo en mi piel y en mis dedos / desemboca en la amarga inclemencia del aire* (1.ª ed., PC 1967 y OP 1982).

[2] Cambia totalmente la estrofa respecto de la 1.ª ed. y las siguientes recopilaciones:

Mi corazón derramo contra la luz de piedra
y siento que mis huesos me crecen como árboles.
Mis venas se levantan como palomas ciegas,
como montañas ciegas, como cegadas aves.

En PC (1967) y siguientes, el tercer verso dice:

Mis venas se levantan como raíces ciegas,

NIEBLA[1]

¡Qué silencio en el denso misterio de la niebla
en medio del paisaje sin luz y desolado,
donde todo parece melancólica piedra!

Un yermo eran los aires, deshabitado y frío[2],
desde el cielo remoto hasta la sorda tierra.
Se me hundía la niebla, tan mansa, mansa, mansa,
en mi frente olvidada, en mi nuca, en mis venas.
¿Dónde acababa el cuerpo y dónde comenzaba
el reinado absoluto, fantasmal, de la niebla?
Al caminar sin luz por el silencio informe,
atravesaba el sueño sin nadie de la tierra.
¡Ay, angustia tremenda de sentirse olvidado,
carne de soledad y niebla y niebla y niebla!

[1] Figuraba en la sección última de la 1.ª ed.
[2] *un alma eran los aires, deshabitada y fría,* (1.ª ed., PC 1967 y OP 1982).

DOLOR[1]

La tristeza es arena de desierto,
sombra de soledad, sombra del aire,
larga ausencia de Dios que nos circula
por el llanto olvidado de la sangre.

Todo está triste hoy y es un desierto
mi corazón, que apenas si es de alguien;
todo está triste, sí, todo está triste
en esta inmensa y desolada tarde.

Madera de ataúd es lo que crece
en esta primavera de los árboles,
mientras proyecta el cielo largamente
su soledad vastísima en mi carne,
en mi alma sin dueño, en esta pena[2]
que me crece y me crece interminable[3].

---

1 DOLOR DE HOMBRE (1.ª ed., PC 1967 y OP 1982).

2 Suena en este verso el recuerdo de otro de Gerardo Diego (amigo y contertulio de Morales) en «El Ciprés de Silos»: «Hoy llegó a ti, riberas del Arlanza/ peregrina al azar, mi alma sin dueño», *Versos humanos* (1925). (Véase ed. de Milagros Arizmendi, Madrid, Cátedra, 1986, pág. 144.)

3 El poema, en su primera versión impresa, constaba de otras dos estrofas, cuartetas endecasílabas, suprimidas ya desde la edición de PC (1967).

RECUERDO[1]

Brillando está aún en mi piel
el resplandor de tus manos,
y voy luminoso, ardiendo,
terca llama hacia lo alto.

No sé qué nube me siente,
no sé qué cielo, qué pájaro
se llevan mi corazón,
celeste brasa, volando.
No estás conmigo y estoy
solo y contigo. Me abraso
en un sin fin de recuerdos.
Celestes, locas, mis manos
buscan en el aire oscuro
tu oculto cuerpo lejano.
Mas tú no estás. Yo me muero,
terca llama hacia lo alto.

---

[1] En la 1.ª ed. figuraba como primer poema de esta sección.

EN UNA TARDE DE AUSENCIA Y PENA[1]

Soledad, soledad late en mis venas.
Hay un cielo vacío, indiferente,
y es una ausencia el río y sus arenas
que dora el sol lejano del poniente.

Todo está solo: el corazón y el viento
a la deriva van por la alameda.
Yo me siento vacío, sólo siento
la ausencia enorme que en mis venas queda.

[1] EN UNA TARDE DE DESENGAÑO Y PENA (1.ª ed., PC 1967 y OP 1982).

A ELLA, DESDE LEJOS[1]

Yo estaba solo, amor, y te pensaba,
solo en la sierra solitaria, inmensa,
que levantaba al aire de la tarde
su soledad de roca, su tristeza.

Yo estaba solo, amor, yo estaba solo
—aire en el aire, peña entre las peñas—,
yo no era nadie, nada, solamente
un trozo más de la infinita tierra.

Barro sin nombre, en el olvido, solo,
corazón de la nada y de la ausencia,
trozo de soledad, amargo barro,
pobre fantasma ciego entre la niebla[2].

[1] Estaba incluido en la cuarta parte y era en ella el primer poema (1.ª ed.). Está cambiado ya en PC (1967) y desde entonces quedan suprimidos una estrofa y un verso final.

[2] Parecen advertirse recuerdos de Miguel Hernández («barro», «amargo») y de Antonio Machado: «pobre hombre en sueños/ siempre buscando a Dios entre la niebla» (LXXVII de *Soledades. Galerías. Otros poemas. Poesías Completas,* ed. crítica de Oreste Macrí, Madrid, Espasa-Calpe, 1988, pág. 481).

SIN TI

¡Cómo duele este cielo silencioso y desierto!
¡Cómo duele en el alma la soledad inmensa!
¡Ay, espacio infinito sin color ni figura,
donde todo es vacío, inconcreción y ausencia!

¡Cómo dueles, oh tierra solitaria y tranquila!
¡Cómo duele tu vasto silencio indescifrable!
¡Ay, cómo duele todo: las estrellas, la nube
y la amarga caricia desolada del aire!

Todo duele, muchacha, como una espina enorme,
cuando mi ser se llena de tu fragancia hermosa
y se sueña y se sueña mientras mueren los días,
sin sentir el murmullo de tu vida en la boca.

Yo me muero, ay, sin ti, de esperanza y tristeza;
yo me muero de amante, de pasión y de anhelo[1],
mientras miro la nada poderosa del aire
y este triste vacío fantasmal de los cielos.

---

[1] *Yo me muero de amarte de pasión y de anhelo* (1.ª ed. Como el texto en PC 1967 y OP 1982).

AUSENCIA[1]

Estoy solo en el campo. El mundo está vacío
sin ti. Yo palpo, triste, la soledad del cielo...,
dejo mi alma lenta que se la lleve el río,
que un pájaro se lleve mi corazón en vuelo.

La soledad, la ausencia, concrétanse en la roca,
y el silencio se expande como niebla en mis venas;
el campo me parece la ofrenda de tu boca
y acaricio tu piel si toco las arenas.

Estoy solo en el campo, sin ti, de Talavera.
Oigo por este árbol crecer tu sangre amada,
subir hasta los cielos, colmar la primavera,
mientras me siento ausencia, suspiro, viento, nada[2].

---

1 Era el tercer poema de la sección en la 1.ª ed.

2 Esta gradación evoca intertextualmente el famoso cierre del soneto gongorino, referido al «carpe diem», que comienza «Mientras por competir con tu cabello...» y termina con: «en tierra, en humo, en polvo, en sombra, en nada» (núm. 149 en la ed. de *Sonetos Completos* a cargo de B. Ciplijauskaité, Madrid, Castalia, 1968).

Misterios y fantasías[1]

[1] El título en 1.ª ed.: PAISAJES EN EL ALMA. En PC (1967) y OP (1982): PAISAJES EN EL ALMA / *(Misterios y fantasías)*. Se suprimen dos poemas a partir de OP: «Al rayo» y «Noche de abril».

PAISAJE

Qué silencio tan grande el de este campo,
qué vastas y dormidas soledades,
qué inmensidad vacía, qué tremenda
tristeza derramada por los aires.

La sierra se derrumba lentamente
sobre la mansa angustia de los valles
que elevan puros, asombrados, ciegos,
el encendido grito de los árboles.

El cielo es plomo gris que se derrumba
sobre el pavor silente del paisaje,
es un inmenso buitre hambriento y sordo,
un infinito dios amenazante[1].

[1] En la 1.ª ed. siguen dos estrofas (ya suprimidas en PC 1967).

LA NOCHE

Un grave lirio de dolor cuajado
abre en silencio su melancolía
y vierte su tiniebla lenta, umbría,
desde su opaco corazón morado.

Pósase en tierra —grave, desbordado—[1]
desde el cielo impasible que le envía
y concreta en su carne sorda y fría
un remoto silencio desplomado.

¿Qué gravedad de amoratada roca,
de cuerpo muerto y sombra desterrada,
en mis sonoras venas desemboca?

¿Qué fantasma inoíble, qué angustiada
soledad bajo tierra me convoca,
me adentra en el misterio de la nada?

[1] 1.ª ed.: *Se posa.*

LA MÚSICA INFINITA[1]
(Fantasía musical)

En la noche se escucha una música extraña
que de la tierra brota o de la luna helada;
los árboles la sienten creciente por su entraña[2]
y se agolpa en sus ramas un dolor de violines.
Una música oscura, silenciosa, angustiada,
fulgura sobre el torso fugaz de los delfines,
y en la noche redonda, caudalosa, asolada,
grita un hondo silencio la sombra en los jardines.

El mar es una música ardiente y misteriosa
que se entrega a la noche celestial y brillante
con una oscura y densa palpitación de rosa
que se muere de anhelo, de locura y pasión
contra la roca grave, impasible y gigante,
inmensa nada inerte, sin luz ni sensación,
que no siente que crece contra su frío constante
un abrasado y negro, profundo corazón.

Qué aguda nota brilla por la piel del jaguar,
y en los ojos profundos de aquellos tiburones
qué lenta es la caricia callada de la mar.
Un pájaro nocturno en la alameda canta,
bajo la tierra laten oscuros corazones,
y en la brisa sonora que apenas se levanta,
los árboles destrenzan sus dulces ilusiones
como leves suspiros de su esbelta garganta.

---

[1] Carece del subtítulo en la 1.ª ed. (añadido a partir de PC 1967). El comienzo del poema evoca la Rima I de Bécquer. Pero la musicalidad del verso y de la rima nos remite al modernismo.

[2] *creciendo por su entraña* (1.ª ed. y PC 1967).

Mientras, el hombre siente crecerle por las venas
ríos de lenta sombra que ruedan sin destino,
con un oscuro ruido y un gotear de penas.
Sus fuerzas van cediendo a una tenaz llamada
y la muerte le anega con su cósmico vino
y rueda con la noche brutal y sosegada,
perdido, como pluma, sin luz y sin camino,
hacia el centro absoluto, sideral, de la nada.

LOS AMANTES[1]

Es el amor quien canta, delira locamente
con sus largos cabellos al viento desprendidos,
con su bella locura planetaria y terrena,
con su dolor ardiente, sonoro, profundísimo.

Es el amor, amantes, es el amor quien canta
en la noche caliente, por el vasto infinito[2].

En la noche vastísima y profunda se oye
un cántico creciente, angustiado, encendido,
abisal melodia de las sangres amantes,
poderosas, brutales, celestes, sin camino[3].

¡Ay, los bellos amantes! ¡Ay, los ciegos amantes,
tan abrasados, sordos, puros y enloquecidos!
¿Qué tenaz sol les dora bajo la piel hermosa
y les quema implacable, vital y enardecido,
y les convierte en dioses, en poderosos dioses,
en dioses torturados y locos, brillantísimos?[4].

Es el amor que llega cual rosa delicada,
e impregna el corazón, la sangre, los sentidos,
y estalla luego, amantes, en celestial locura,
en conmoción confusa de cielos y de abismos.

Es la tenaz llamada pasional de la vida,
es la implacable cita que convoca el destino,

---

[1] Figuraba originariamente en la segunda sección del libro.
[2] Suprime a continuación dos estrofas (ya en PC 1967).
[3] Esta estrofa está formada por los versos iniciales de otras dos, de las cuales se eliminan los versos tercero y cuarto.
[4] Otra estrofa de ocho versos suprimida, en que glosaba la cualidad del sentimiento profundo de los amantes.

es el dolor más hondo que, transformado en beso,
clama en la noche y surge sideral y divino.

¡Ay, los bellos amantes! ¡Ay, los ciegos amantes
tan abrasados, sordos, puros y enloquecidos!
Van heridos, clamantes, alucinados, duros[5],
estos locos celestes, transparentes, divinos.

Son como flautas blancas esos huesos que escucho,
sus bravos huesos blancos de amor enardecidos,
que cantan en la noche sollozando, imponentes,
una canción de ansia, de esclavitud, de instinto.

Y sus tercos cabellos que el viento oscuro lleva[6],
esos largos cabellos al aire, sin destino,
les asemeja a robles en medio de los vientos,
robles en la tormenta, de vida enfurecidos[7].

¡Ay, la noche iluminan y queman los amantes,
ya sean tigres u hombres, gacelas, pajarillos!
Jamás fueron felices por más que lo parezcan:
se queman en su dicha, se abrasan en su brillo[8].

¡Ay, los bellos amantes! ¡Ay, los ciegos amantes,
tan abrasados, sordos, puros y enloquecidos!
Qué bellas son sus alas, su corazón, sus sueños,
la irradiación celeste y clara de su instinto.

Mas también los amantes son tierra que se pudre,
son tierra de pasión, son tierra de martirio.
Su reinado es de tierra, de ceniza sin peso,
de dolor y de angustia, de desgarro infinito.

---

[5] *van heridos, tremendos,* (1.ª ed., PC 1967 y OP 1982).

[6] *Y sus dulces cabellos* (1.ª ed.).

[7] Suprime a continuación otra estrofa de seis versos.

[8] Desde PC (1967) el verso decía: *se queman en su dicha, se abrazan en su brillo,* aunque es errata de la versión inicial *(se abrasan)* que aquí se repone, atestiguada por el poeta mismo.

También mueren los bellos y dorados amantes,
puros y transparentes, cenitales, divinos[9],
mientras giran eternos, impasibles, los astros
por un helado cielo desolado y tranquilo.

---

[9] 1.ª ed.: *puros y transparentes, abisales, divinos,* (así también en PC 1967 y OP 1982).

CIELO EN LA TARDE

Era el cielo una vasta pregunta silenciosa;
infinito, increíble, sobre el mundo curvaba
su silencio intangible, su soledad grandiosa,
y en el alma anhelante como tierra pesaba.

Sin pájaros, desierto, como un dios olvidado,
su torso azul, sin nubes, sereno se extendía,
tremenda fuerza inútil, arcángel derribado
que en la tierra silente a lo lejos se hundía.

Allá, entre las montañas desiertas y calladas,
donde el sol vespertino se desangra sin ruido,
ved las alas azules, intangibles, cansadas,
de este arcángel inmenso sobre el polvo caído.

¡Ay, arcángel silente que a la tierra se entrega,
azul arcángel bello, sin fin y sin camino!
Ya la noche implacable se te hunde y te ciega,
y, oscuro, gira el mundo, tremendo y sin destino.

LLANURA[1]

La llanura sin flores de este campo es un llanto
interminable y pardo de silenciosa tierra,
es una angustia sorda, infinita, asolada,
tendida largamente, deshabitada, eterna.

A veces en el alma se hunde lentamente
y la anega, silente, de su inmensa tristeza;
tiene sabor entonces el corazón humano
a soledad y a muerte y a confusión y a tierra.

Sentimos nuestras venas como caminos secos,
sin pájaros ni flores, y, como inmensa niebla,
fundidos con el llanto, flotamos en la nada,
desterrados fantasmas de dolor y de ausencia.

Desde los pies nos crece, silencioso y ajeno,
el paisaje tristísimo que nos atrae y nos puebla,
y en su llanto rodamos, derrotados y oscuros,
por la extensa llanura, fundidos con la tierra.

---

[1] Después de este poema, también último en la primera edición, incluía Rafael Morales una NOTA FINAL acerca del sentido poético de la palabra *tierra* en el título. Señala la abusiva repetición del término en la época, pero prefiere no cambiarlo, ya que la concepción unitaria de la obra tenía su origen en 1941 y a ella corresponde justamente ese título.

Los desterrados[1]
(1947)

[1] En las sucesivas reediciones, el poeta ha reducido el contenido de este libro y simplificado su distribución en partes. En la primera edición (1947) y en PC (1967) se señalan seis partes, con numeración romana y títulos: I.—Las Enfermedades. II.—Soledad, pena y olvido. III.—Los sueños y la muerte. IV. —El corazón en la nada. V.—Entre nieblas/Los placeres. VI.—Oración. Esta distribución se mantiene en OP (1982), aunque suprime ya las secciones IV y V. En la que considera edición definitiva, los cuatro poemas de la primera sección quedan reducidos a tres, al eliminar el primero de ellos, «Los enfermos». Los poemas de las partes II, III y IV aparecen tras el nuevo título de «Noche tenaz», aunque desaparece el poema titulado «Los Ateos» (de la parte IV).

La poesía se encuentra en todas partes[1]*. No la busquéis tan sólo en las aguas de un arroyo o en los cálidos ojos de una mujer querida. Bajad también entre los lodazales, entre las yerbas de la primavera que se pudrieron... Buscadla también en los ojos de los ahorcados o en las manos sucias de los trabajadores. Yo he ido escribiendo estos versos junto a las cosas desagradables, junto al dolor de los demás y, muchas veces, con mi propia angustia, con mi propio dolor. Este libro no es más que eso: dolor, dolor de ser hombre, es decir, dolor de ser destierro*[2]*.*

---

1 *La poesía, por lo que de divinidad pueda tener, se encuentra en todas partes* (1.ª ed., PC 1967 y OP 1982).

2 En la 1.ª ed. añade: *Por esta razón se lo dedico a todos los que sufren y sueñan y ansían y trabajan...* (suprimido ya en PC 1967).

Además, la 1.ª ed. incluye dos epígrafes al libro que explican las dimensiones de existencialismo humanista y religioso del poeta en esos años (se mantienen en PC 1967 y ya desaparecen en OP 1982):

> *Cuando el destino hace brotar contra nosotros un asta de lanza, nunca falta un hombre que encaje en esa lanza un hierro agudo. / MUTANABBI*

> *A Ti llamamos los desterrados hijos de Eva, a Ti suspiramos, gimiendo y llorando en este valle de lágrimas.* / LA SALVE

Mutanabbi (915-965) es seudónimo («el que se presenta como profeta») del poeta árabe Abu-l-Tayyib Ahmad ibn-al Husayn, nacido en Kufa (Iraq), que asentó la tradición neoclásica. Fue primero poeta ambulante, estuvo en la cárcel por sus actividades rebeldes y luego fue protegido en varias cortes. Residió también en Persia y en Egipto. La cita del poeta está tomada del trabajo de Emilio García Gómez: «Mutanabbi, el mayor poeta de los árabes» *(Escorial,* III, abril 1941, págs. 15-49. Recogido en *Cinco poetas musulmanes. Biografías y estudios,* Madrid, Espasa-Calpe, 1944; 2.ª ed. 1959).

Las enfermedades

LOS LOCOS[1]

Mirad los locos, altos como ramas,
llenos de inmensidad y poderío;
miradlos altos cual soberbias llamas,
amenazando al cielo con su brío.

Como harapos ardientes y violentos
esparcen sus delirios y su anhelo.
Vedlos chocar su pecho con los vientos,
pobres guiñapos locos junto al cielo.

¡Ay, qué locura de abrasado vino
arde en su honda y más profunda vena!
Y van raudos, tenaces, sin destino,
hijos del cielo, ciegos en la arena.

[1] En la 1.ª ed. el poema constaba de ocho estrofas, serventesios como los que el autor mantiene, que son los tres primeros. La versión extensa se respeta en PC (1967) y en OP (1982). Éste, sin embargo, no era el poema inicial. En la 1.ª ed. y en PC era el titulado «Los enfermos», que desaparece en OP.

LOS LEPROSOS

Mira esa piel bellísima y rosada
donde la luz y la mañana laten.
¡Ay, mírala, leproso, y no la toques
con tu podrida, atormentada carne!

¡Ay, mírala, qué bella es la muchacha,
qué delicada y pura junto al aire!
Pero no la desees. Olvida, olvida.
No sirves ya, leproso, para amante.

Tu carne enamorada se consume,
se te pudre tremenda e implacable
y has de dejar que el alma se te pudra,
sin que comprenda tu tragedia nadie.

¡Ay, muérete de amor, leproso, hermano!
¡Ay, muérete de soledad, de amante![1].
Sólo tendrás sobre tu cuerpo seco
la caricia purísima del aire.

---

[1] 1.ª ed.: *¡ay, de pasión, de soledad, de amante!*
El poema estaba compuesto por cinco estrofas. La última se suprime ya desde PC (1967).

LOS CIEGOS

Sombra son nada más, tan sólo sombra[1],
nube de carne que en el suelo pesa;
en su entraña el abismo, y en su frente
un celeste silencio sin estrellas.

Cuerpo de sombra, cauce de la noche,
humano río de agolpada niebla
que sabe que la luz le cerca mansa[2]
y la siente en la piel como una piedra.

Ángeles de la noche, desterrados
del mundo de la luz y la presencia;
ángeles solos que en el pecho sienten
una apagada, misteriosa estrella.
Humana sombra, sí, pena del aire,
soplo oscuro de Dios sobre la tierra.

[1] 1.ª ed.: *Son sombra nada más, tan sólo sombra* (corregido desde PC 1967).
[2] 1.ª ed.: *que sabe que la luz la lleva en torno* (corregido desde PC 1967).

Noche tenaz[1]

[1] Nuevo título que agrupa los poemas de las secciones II a IV de las ediciones anteriores a 1999.

LOS NO AMADOS

Qué soledad del cuerpo, qué soledad del alma,
qué vacío en los ojos, que vacío en la sangre.
Nadie escucha su pena ni su cálido aliento,
rosa ardiente en el aire.

Sus bocas, para el beso, rojas de amor se abren,
sus frentes buscan manos, amorosas caricias
de algún cielo distante.

Sus manos alzan solas[1], llenas de sombra, amantes,
las levantan temblando como tristes fantasmas,
amarillas de amor, rosas muertas, al aire,
ramas ciegas, que buscan a través de la noche[2]
la luz rosada y grande.

Alto vuelo de angustia, alta torre de sangre
levantan estos hombres hacia un cielo impasible[3]
donde no habita nadie.

---

[1] 1.ª ed.: *sus manos alzan dulces* (corregido desde PC 1967).

[2] 1.ª ed: *rosas ciegas que buscan a través de su noche* (corregido desde PC 1967).

[3] OPC (1999): *levantan estos hombros* (corregimos lo que parece errata, según las demás ediciones).

LOS TRISTES

Los tristes son como una luna fría
en un aire amarillo, delicado,
como un campo desierto donde sólo
tiene presencia el infinito llano.

Los tristes son como el recuerdo, apenas
si tienen luz sus ojos, su mirada,
apenas si son alguien, la tristeza
les llena lentamente toda el alma.

Una hoja amarilla del otoño
los tristes sienten en las solas venas,
un dolor hecho lágrima, un deseo
al que sostienen unas alas muertas.

LAS AMANTES VIEJAS

¡Ay, carne de destierro, ayer amante,
reseca carne vieja y apagada,
recuerdo ya del tiempo caminante,
desierto de ilusión, rama tronchada,
flor de la ausencia pálida y constante!

¿En dónde aquella luz de la mirada
escondió su fulgor y su hermosura?
Acaso boga ya, deshabitada,
por un cielo lejano, dulce y pura,
perdida, amor, herida y olvidada.

¡Ay, los pechos de nieve, casi vuelo,
de suave vientecillo y de manzana,
montecillos de amor, temblor de cielo!...
Como dos flores muertas en la vana
ausencia caen para buscar el suelo.

¿En dónde está la púrpura templada
de aquellos labios de mojado fuego?
Entró en ellos la noche despiadada
y todo lo dejó desierto y ciego,
todo destierro y sombra de la nada.

LOS ABANDONADOS

Cuando uno queda solo, cuando queda
el alma sola doloridamente,
cuando todos olvidan que vivimos
estamos muertos ya, somos ausentes.
Si en otro corazón no vive el hombre,
ha muerto ya, Dios mío, para siempre.

LOS NOSTÁLGICOS

La nostalgia nos entrega a las cosas,
nos hace de las cosas, del recuerdo,
nos hace no ser nuestros, ser tan sólo
algo que fuimos hace mucho tiempo.

La nostalgia es un dardo silencioso,
es lágrima invisible y puñal lento
que en forma de recuerdos agradables,
hunde el dolor en la mitad del pecho.

Nostálgicos de amor y de ilusiones,
que ahora vivís un sin igual destierro[1],
sois como leves flores que, marchitas,
esperan tristes que las lleve el viento...

---

[1] 1.ª ed., PC 1967 y OP 1982 completan la estrofa con estos dos versos:

arcángeles sin alas, sobre el polvo,
vivís tan sólo porque sois recuerdo.

A continuación, los dos versos finales quedan separados, como unidad independiente.

LOS QUE LLORAN

Una lágrima es sólo un sueño muerto.
Los que lloran sus penas sólo lloran
su corazón cayendo hacia el destierro,
su corazón que hacia la tierra cae,
lágrima ya, camino de lo eterno.

LOS OLVIDADOS

Nadie se acuerda ya que ellos pasaron
con una luz, con un dolor y un sueño
por un planeta amargo.

Y fueron como ángeles, amaban
y reían bajo los cielos claros,
lloraban en la noche y confundían
sus sueños con los astros.

Nadie se acuerda ya de aquellos hombres.
Les vimos por las calles, por los campos,
altos y alegres como el chopo nuevo
entre los aires blandos.

Nadie se acuerda ya que ellos tenían
llenos de amor los ojos y los labios;
nadie recuerda ya que penas hondas
les iban devorando.

Hoy les vemos pasar, tristes y solos,
por esas calles de impasible asfalto.

LOS NIÑOS MUERTOS[1]

Todo cayó. Sobre la piel templada,
frío celeste se cuajó amarillo,
la vida se apagó. La madrugada
flota en los ojos, sin color, sin brillo.

Para alta rama que se eleva pura
iba la frente en leve movimiento,
ansia de vida, cálida ternura[2].
Tesoro fue del inclemente viento.

Apenas si las manos.... si la boca...,
apenas si los ojos..., la mirada...
Todo, Señor, nacía, y ya es la roca,
es la roca, Señor, la tierra helada.

¿Por qué fue desterrada la azucena,
por qué la alondra se quedó sin vuelo,
por qué el aire de mayo se hizo pena
bajo la dura soledad del cielo?[3].

---

[1] Con este poema comenzaba la sección tercera del libro, «Los sueños y la muerte».

La versión primera de esta composición constaba de seis estrofas, de las que se han suprimido la primera y la última. El comienzo abrupto es así más expresivo e intenso.

[2] *chorro de ternura* (1.ª ed. y PC 1967).

[3] *en la inclemente soledad del cielo?* (1.ª ed.).

LOS QUE RECUERDAN

Recordar es volver, es ser ya otro,
aquel que se ha perdido, que se ha muerto.
No es volver a vivir, es ser lo ido[1],
lo que ya se acabó, lo que no es nuestro.

Recordar es morir, vivir la niebla
de lo que fuimos ya, de lo que fueron
aquellos que quisimos y quedaron
borrados de las horas y los sueños.

---

[1] *que es ser lo ido* (1.ª ed.).

A LOS HUECOS
QUE DEJAN LOS MUERTOS

Frío reino del aire, de la ausencia,
donde todo es recuerdo, recogido silencio
y límite sin límite, sin forma,
contorno en aire de olvidados cuerpos.

El vacío tan sólo, ni aun la sombra,
una nostalgia, acaso, que se hiela,
un tristísimo espacio que se siente
cual transparente, penetrable piedra.

Silencio y soledad, ausencia y aire,
figura de la nada, del destierro,
vacío sin color en donde estaban
aquellos corazones con sus sueños.

Aquí la boca fulguró de amante,
éste es el aire en que nació su beso;
miradlo frío, solitario, triste,
ya sombra de la sombra y del recuerdo.

LOS SUICIDAS[1]

Cuando la angustia por el pecho busca
una caricia para hacerse ave,
cuando la pena por la frente busca
una mano de alguien.

No se encuentran, Señor, sólo se encuentra
que este mundo es amargo, inhabitable.

Cómo envidia el suicida enloquecido
la dulce dicha del dormido aire,
de tu tierra, Señor, y de tus aguas,
y de tus dulces valles...

[1] En la versión de la 1.ª ed. el poema constaba de cinco estrofas, y así se mantiene hasta OP (1982). El poeta ha suprimido las dos últimas, de cuatro y seis versos.

LOS QUE SUEÑAN

¿Para qué tanto sueño, para quién tanto sueño?
Sólo tendréis, humanos, vuestro dolor por dueño.
Mirad: la tierra es fría, no quiere amar, no quiere,
es un destierro amargo que en sí nos encarcela.
¡Ay, mirad cómo mata lo que en ella ha nacido!
¡La flor que en ella nace mirad cómo se hiela!
Ella nos tiene, humanos, pero ella acecha, espera
nuestros sueños amantes, nuestra breve alegría.
¡Ay! De nosotros quiere sólo la calavera,
despoblada de sueños, derrotada, vacía.

LOS ANCIANOS[1]

Aquí tuvo su fin el barro vano,
aquí el amor secose derrotado,
aquí el tiempo erigió su fiel reinado.
El barro en polvo cae, en polvo humano.

La frente ya se inclina por su peso,
y tras la piel, ya de color de tierra,
ansia de tierra late y ya se encierra
la mortal soledad del blanco hueso.

En la sombra se pierde ya el camino,
un paso más, los ojos ya se apagan
y en el aire sin luz hambrientos vagan
los implacables buitres del destino.

Se seca el barro, el cuerpo que decrece,
y una ola brutal acecha, espera
la leve y delicada calavera
para su noche que inclemente crece.

---

[1] Aquí comenzaba (en las eds. anteriores citadas) la cuarta sección del libro: «El corazón en la nada», cuyo primer poema se dedicaba a «Los Ateos». Se mantiene en PC (1967) y desaparece en OP (1982). Constaba de siete estrofas y 28 versos.

LOS AHORCADOS

Ya sus ojos son cielo, helado cielo,
recuerdo de la luz, de la mirada,
altas aves de pronto sin su vuelo,
última luz camino de la nada.

Quieto dolor la sangre por las venas,
aire en el aire el cuerpo marchitado;
dos fríos semejantes —carne, arenas—
dos soledades dan: la muerte, el prado.

Dejadlos ya, que el hondo su llamada
hace a la carne que en el aire pesa.
Bajos cuervos, fatídica oleada
—fracaso, muerte, olvido—, hicieron presa.

LOS IDIOTAS[1]

Los idiotas son carne de la nada, de nadie,
son soledades vivas, desiertos corazones
y llevan en su alma silencio, sombra y aire.

¡Ay! Los idiotas llevan el cuerpo de la pena.
Los idiotas arrastran como niebla su carne.

Un dolor es su cuerpo que ni siquiera duele,
su corazón, un nido donde nunca hubo un ave,
y sus ojos, que miran torpemente las flores,
son dos pájaros muertos de tristeza en el aire.

[1] Con este poema se cerraba la sección cuarta. Y a continuación, la sección quinta: «Entre nieblas» contenía un solo poema, «Los placeres», dividido en tres partes: 1. «Nacimiento del hombre», 2. «El instinto», 3. «Los placeres» (desaparece desde PC 1967). La sección sexta, «Oración», estaba formada por un soneto: «Invocación al Señor» (este soneto se mantiene en PC 1967, ya no en OP 1982).

Canción sobre el asfalto[1] *(1954)*

[1] Las fechas en las distintas ediciones son: PC (1967): (1945-1953); OP (1982): (1945-1953)/1954.

Se suprime la dedicatoria original del libro a personas de su familia. Todas las dedicatorias de los poemas han quedado igualmente suprimidas. Ya no lo consignamos en las notas.

En la primera edición, el libro estaba formado por cinco secciones. Cuatro de ellas se han mantenido, tal como figuran aquí. La central tenía como título «Dos Odas» y constaba de dos poemas extensos: «Oda al mar Cantábrico» y «Canto filial a S. S. Pío XII». En conjunto, la crítica fue reticente respecto de estos textos o los pasó por alto. Desaparecen en la edición de PC (1967). Otros poemas fueron igualmente eliminados y del total quedan definitivamente 26. En la primera edición las secciones llevaban también un número de orden.

Esa gente que pasa

LOS TRAPEROS

Van por las largas calles los traperos
con sus panzudos sacos a la espalda,
colgándoles inertes, sucios, ciegos,
igual que grandes sapos mutilados,
redondos, pardos, silenciosos, muertos.

Van con sus grandes sacos dolorosos
por los largos caminos donde el viento
pone su verde aullido en el ramaje
de un árbol solitario bajo el cielo.

Y llevan en un saco los zapatos
negros y fríos de un muchacho muerto,
la muñeca sin brazos y sin ojos
y un tímido abanico dieciochesco
que muestra en sus varillas solitarias
el pequeño temblor de su esqueleto,
comido de ratones donde puso
antiguamente su rumor el viento.
Un azulado traje de obrerita
se pliega en un rincón, donde el silencio
íntimo y sucio pone su ternura
entre la mansa lana y el recuerdo.

Y los traperos siguen su camino,
los cuerpos inclinados bajo el peso.
Turbios de vieja pana y lejanía,
se borran silenciosos a lo lejos,
se adentran en la noche con sus trapos,
se pierden en la noche con los sueños...

SUBURBIO

De repente, en la noche, tres tímidas farolas
han puesto sus tres lunas temblando en las aceras,
tres limones de oro sobre las piedras solas,
heladas y redondas, igual que calaveras.

Aquí los vidrios rotos de olvidadas botellas,
que se agrupan en sucios, solitarios rincones,
se convierten en tiernas, derribadas estrellas,
en agrupadas, mansas, leves constelaciones.

Tristes membranas frías levanta el barro oscuro
que luego se derrumban con un leve gemido.
Tras su caída queda sólo un silencio puro,
tendido en las aceras como un perro dormido.

Qué doloroso eres, viejo barrio nocturno,
sonoro de zapatos que arrastran su pobreza.
Desde tu frío asfalto manchado y taciturno
sube negra una ola de callada tristeza.

LOS BARRENDEROS

Los barrenderos pasan con sus grandes escobas,
con sus alas de polvo que les dora el ocaso.
En la calle retumban sus dolorosas botas
que a lo lejos se pierden tristemente sonando.

En sus carritos cargan tibios papeles viejos,
que crujen mansamente con un temblor de pájaro,
acongojadas flores y muertas mariposas,
billetes del tranvía brutalmente arrugados.

El dolor de lo mínimo, de lo leve y lo viejo
insensibles escobas lo arrebatan al paso,
y en las alas dolientes que el barrendero lleva
un llanto silencioso se hace tierno y dorado.

Se fueron ya, se fueron calle abajo barriendo,
tras ellos quedó limpio, silencioso el asfalto.
Quizá pasó el olvido de las cosas pequeñas,
quizá pasó la muerte, tristemente sonando.

SONETO TRISTE PARA MI ÚLTIMA CHAQUETA[1]

Esta tibia chaqueta rumorosa
que mi cuerpo recoge entre su lana,
se quedará colgada una mañana,
se quedará vacía y silenciosa.

Su delicada tela perezosa
cobijará una sombra fría y vana,
cobijará una ausencia, una lejana
memoria de la vida presurosa.

Conmigo no vendrá, que habré partido,
y entre su mansa lana entretejida
tan sólo dejaré mi propio olvido.

Donde alentara la gozosa vida
no alentará ni el más pequeño ruido,
sólo una helada sombra dolorida.

---

[1] Entre este poema y el siguiente, la primera edición incluye otro soneto, titulado «Asfalto». Suprimido del libro desde PC (1967).

A LA RUEDA DE UN CARRO

Tristemente, las ruedas van hundiendo en el barro
su gemido incansable, monocorde, doliente;
lagrimones de cieno se desprenden temblando,
desplomándose suaves, silenciosos y lentos,
gravemente redondos, tiernamente pausados.

Aquí en esta madera, que se queja cansada,
cantaron jubilosos, espléndidos los pájaros,
y las ramitas tiernas con su verde ventura
temblaron mansamente bajo el viento de mayo.

Redonda va la pena, redonda va la muerte,
redonda va la rueda, torpemente girando...[1].

---

[1] En la 1.ª ed. figuran dos versos más como estrofa última:

Y sobre el carro lento, cargado de verduras,
un mocetón alegre no sé qué va cantando.

Se mantienen en PC (1967) y desaparecen desde OP (1982).

Lejos queda el asfalto

A LA CALAVERA DE UN POETA

Nada ya cabe en esta calavera
donde la pulpa del soñar vivía,
donde, apresada, la ilusión tendía
una rama feliz de primavera.

Nada ya cabe tras la frente fría,
hermana de la piedra y la madera,
donde ha tomado forma duradera
sólo la ausencia pálida y sombría.

Secáronse jardines de repente,
las alas se quedaron sin aliento
bajo el cielo pequeño de la frente.

Y ahora mana, sin voz ni pensamiento,
por los ojos desiertos una fuente
de solitario polvo ceniciento[1].

[1] 1.ª ed. (corregida ya desde PC 1967): *de soledad y nada contra el viento.*

A UN CIERVO QUE PACÍA

Pacía soledad verde y callada
del vasto campo sin rumor siquiera,
mientras, leve y feliz, la primavera
temblaba entre la yerba iluminada.

Qué verde y qué tranquila la mirada
la yerba nueva de este abril le hiciera
y qué tibia la piel entonces era
en la tarde purísima y dorada.

Un bramido fugaz, un suave aliento
envió su calor al aire alado,
como un pequeño y venturoso viento.

El aire se hizo piel, de sosegado,
y el paisaje caricia, de contento,
en el silencio tímido del prado.

PRESENCIA DE LA ESPOSA

(Playa de Deva)

Quizá tan suave como mano, acaso
como temblor de rama sensitiva,
como estela de un ala fugitiva
o tenue luz rosada del ocaso,

llega hasta mí, perdida entre la brisa
—ave de amor, caricia derramada—
la dulce plenitud de tu mirada,
fundida con tu voz y tu sonrisa.

De caricia de amor se van poblando
mi alma y el paisaje en que te siento;
mi corazón se esparce con el viento
y van las naves por la mar soñando...

Olvídanse las cosas de su peso,
y, al brillar una estrella por lo oscuro,
siento tan alto el corazón y puro
que ignoro si te beso o si la beso.

ADÁN

De pronto, el barro fue vivificado
y Adán sintió fluirle dulcemente
un agua limpia, juvenil, caliente,
como el arroyo que miró a su lado.

Era la sangre ya. Y, entusiasmado,
los brazos levantó, puro, inocente:
sintió fluir el aire suavemente,
igual que el árbol fresco y delicado.

Y fue a volar como la rama alada,
como el ave feliz de grácil vuelo,
mas vio la tierra contra el pie pegada,

que le tiraba de su cuerpo el suelo,
y echose en él, con la ilusión tronchada,
mientras miraba pensativo al cielo.

TENTACIÓN

La tentación, el ansia, la locura,
la órbita del ojo iluminada
por la pupila turbia y acerada,
fijo astro de ardiente calentura.

Y el árbol de la vida, en su espesura
guardando la manzana deseada,
subiéndola hacia el cielo, aprisionada
en una verde llama hacia la altura...

Y Adán tendió su mano enfebrecida,
hundió sus labios rojos en la pulpa
que en un blanco crujido se entregaba.

Y todo fue dolor, oh Dios. La culpa
se fundió con el hombre y con su vida.
El ansia se colmó... Y Adán lloraba.

AL NIÑO DIOS[1]

El alba tomó cuerpo en tu figura,
el aire se hizo carne, los rosales
desangraron sus rosas virginales
para crear tu piel silente y pura.

Desparramó la brisa su ternura,
la luz cuajó en tu forma sus cristales,
la luna derramó sus manantiales
para crear en Ti nuestra ventura.

Divinidad que, tan pequeña y suave,
se hace niña en tu carne redentora,
en lo infinito ni siquiera cabe.

En Ti la eternidad tiene su aurora,
en Ti nada se halla que se acabe,
oh alba de Dios que entre la paja llora.

---

[1] Los dos sonetos, «Al Niño Dios» y «Al Gozo de la Virgen...», figuran en la primera edición y en PC (1967) en orden inverso. En cambio, OP (1982) omite el segundo de ellos.

AL GOZO DE LA VIRGEN CUANDO SE SUPO MADRE DE CRISTO[1]

Plazentero fue el primero
gozo, Señora, que oviste
cuando el vero mensajero
te salvó, tú respondiste.

ALFONSO ÁLVAREZ DE VILLASANDINO[2]

Igual que la caricia, como el leve
temblor del vientecillo en la enramada,
como el brote del agua sosegada[3]
o el fundirse pausado de la nieve

debió de ser de tierna tu sonrisa,
Virgen de la pureza inmaculada,
al sentir en tu entraña la llamada[4]
del Niño Dios como una tibia brisa.

---

[1] 1.ª ed.: AL GOZO DE NUESTRA SEÑORA... etc.
Como he indicado, el poema no figura en OP (1982).

[2] Estos versos no figuran en la 1.ª ed. ni en PC (1967). Proceden de una «Cantiga de Santa María», primero de los poemas de Álvarez de Villasandino editados en el *Cancionero de Baena*. Comienza: «Generosa, muy fermosa, / sin manzilla, Virgen Santa.» Morales cita los cuatro primeros versos de la estrofa segunda y respeta la ortografía del *Cancionero* (ed. de Brian Dutton y Joaquín González Cuenca, Madrid, Visor, 1993).

[3] *como el brotar de un agua sosegada* (1.ª ed. y PC 1967).

[4] *debió ser, de tan dulce, tu sonrisa,*
oh, Virgen Santa, Pura, Inmaculada,
al sentir en tu entraña la llegada (1.ª ed.).

PC (1967) corrige así el primero de estos versos:

debió de ser, de dulce, tu sonrisa

Debió de ser abril de tan gozosa,
abierta y venturosa, como el ala[5]
en el aire del alba perezosa,

igual que el río que hacia el mar resbala,
como el breve misterio de la rosa
que con su aroma su triunfo exhala[6].

---

5 *debió ser tu sonrisa tan gozosa,*
tan tierna y tan feliz como es el ala (1.ª ed.).

PC (1967) corrige de modo distinto el verso primero: *debió de ser tan plena y tan gozosa*

6 *que, con su aroma, toda el alma exhala* (1.ª ed. y PC 1967).

Esta sección se cerraba con dos poemas religiosos, titulados «Consummatum est» y «Fe». Ambos se mantienen en PC (1967) y ya sólo el primero de ellos en OP (1982).

Ahora os hablo de mí[1]

[1] Entre la sección anterior y ésta, como eje del díptico que formaría el libro, figuraba en la 1.ª ed. la parte titulada «Dos Odas» (véase la nota al título).

EL VINO

El vino rojo encierra una gran rosa,
un demente clavel enardecido,
un palpitar de ensueños y de olvido
en la purpúrea entraña silenciosa.

Su roja soledad, su perezosa
materia sin contorno y sin sentido
es pulpa de esperanza y de gemido,
fruto caliente de locura hermosa.

La copa es una boca donde alienta
la sangre del olvido y la alegría
en una llama cálida y violenta.

Dame tu boca roja, copa mía[1],
puebla mi corazón que se alimenta
del dolor de la vida cada día.

---

1 *Dame tus alas rojas* (1.ª ed. y PC 1967). Modificado en OP (1982).

JARDÍN

La tarde gris es un ensueño... Apenas
si se nota la brisa, si se siente
que llueve delicada, suavemente
sobre rosas, claveles y azucenas.

Qué tranquilo el ramaje, qué serenas
las nubes lentas, leves del poniente...
Oh caricia de Dios, tibia y silente,
derramada en el aire y en mis venas.

A ti te sueño, Concepción, te evoco
en esta tarde de templada calma,
donde faltan la luz y tu sonrisa,

y en el silencio de la tarde toco
la callada presencia de tu alma[1],
que llega con la lluvia y con la brisa.

---

[1] *y, en la dulzura de la tarde, toco*
la pureza celeste de tu alma, (1.ª ed. y PC 1967).

OP (1982) cambia sólo el segundo verso a esta versión definitiva.

COMO EL CHOPO[1]

Se recorta en el cielo ceniciento,
por el viento tajado a desgarrones,
un chopo solitario. Sus raigones
hunden en tierra el pardo movimiento.

Pero hacia el cielo sube turbulento,
y son sus tiernas hojas, a empellones,
un gran clamor de verdes corazones[2]
que estalla en cada rama con el viento.

Así a lo hondo de la tierra baja[3]
esta vida de hombre que sostengo,
donde la muerte, sin cesar, trabaja.

Y así, a lo alto, como el chopo, vengo,
hendido por el viento que me taja,
mas siempre en pie, como el dolor que tengo.

---

1 Este poema y el siguiente invierten el orden de aparición respecto de las ediciones anteriores.

2 *un gran rumor* (1.ª ed. y PC 1967).

3 *Y así* (1.ª ed.).

LLUVIA

Eres como la lluvia deseada
que baja lenta, sigilosamente
sobre la seca tierra y, tiernamente,
le infiltra su caricia delicada.

Así tú para mí, la siempre amada,
sobre mi seca tierra incandescente,
así tú para mí, que suavemente,
me pueblas de ternura enamorada.

Colma mi corazón, mi fiero estío,
pon en mi tierra tu frescor alado,
la celeste frescura del rocío.

Ay, mírame de fuego enamorado,
buscando en deseoso desvarío
la blanca nube por el cielo amado.

DESTINO[1]

Como el enjambre puebla su colmena
con un rumor de diminuto viento,
así mi corazón poblarse siento
con la abeja voraz de cada pena.

Y amasando mis penas con mi llanto,
voy formando este hombre que ahora soy
y esta carne en que vengo y en que voy
por esta triste vida que amo tanto.

¿A dónde iré que mi dolor no lleve?
¿A dónde va la nieve sin blancura?
¿Qué campo no se moja si le llueve?

Una mano tenaz, firme y segura
hacia un destino amargo empuja y mueve
mi corazón, mi sueño y mi aventura.

---

[1] Entre el poema «Como el chopo» y éste figuraba en la 1.ª ed. otro soneto: «Humano dolor». Suprimido ya en PC (1967).

APASIONADA ESPERANZA

Para ti tuve sueños. Yo quería
darles forma, color, límite exacto,
realidad absoluta, línea, tacto,
felicidad para entregarte un día.

Puse toda mi fe, la vida mía
en cada pensamiento, en cada acto
y sin cejar y sin ningún retracto
firme seguí por si lo conseguía.

Y ya lo ves. Mintió mi pensamiento
porque burla el destino a quien se empeña
en doblegar su mar, su rudo viento,

su pecho helado, su maciza peña.
Mas el amante corazón violento
aún sigue, esposa, firme en lo que sueña.

SIEMPRE

Siempre distinto y siempre invariable,
mudable siempre, eterno el mismo día,
un mar que en cada ola se varía
y siempre el mismo mar, siempre inmutable.

Siempre la misma luz, siempre incansable
la misma ola distinta en la bahía
y siempre, siempre la esperanza mía,
el mismo sueño siempre inalcanzable.

Y siempre el mismo instante diferente,
la misma rosa siempre en cada mayo,
que hasta lo más mudable es permanente.

Siempre en cielo distinto el mismo rayo,
la misma agua siempre en el torrente,
siempre la misma pena es lo que hallo.

IMPASIBLE DESTINO

Tanto batió este mar con la insistencia
de la ola fiera, atormentada o mansa
la imperturbable roca en que se cansa
la más tenaz y dura persistencia,

que pudo, al fin, vencer la resistencia,
la firme cerrazón, y se remansa
en hoyuelos que abrió y allí descansa
feliz porque encontró dulce clemencia.

Y ahora entre tierno musgo guarecido,
dormido en el hoyuelo que él agranda,
se encuentra venturoso y recogido.

Ya hasta la roca le parece blanda.
Yo contra mi destino así he insistido,
por si acaso es de roca y se me ablanda.

Canción sobre el asfalto

CÁNTICO DOLOROSO
AL CUBO DE LA BASURA

Tu curva humilde, forma silenciosa,
le pone un triste anillo a la basura.
En ti se hizo redonda la ternura,
se hizo redonda, suave y dolorosa.

Cada cosa que encierras, cada cosa
tuvo esplendor, acaso hasta hermosura.
Aquí de una naranja se aventura
la herida piel silente y penumbrosa[1].

Aquí de una manzana verde y fría
un resto llora zumo delicado
entre un polvo que nubla su agonía.

Oh, viejo cubo sucio y resignado,
desde tu corazón la pena envía
el llanto de lo humilde y lo olvidado.

---

[1] Dos versiones anteriores de este verso:
su delicada cinta leve y rosa (1.ª ed.).
la herida piel que en el olvido posa (PC 1967).

LA ENCINA DERRIBADA

La mansa encina yace aquí cortada
y espera en el taller del carpintero
la furia rumorosa del acero,
su trueno de metal, su dentellada.

Aquí, en estas raíces, la templada
savia olorosa tuvo su venero,
que por mil venas ascendió ligero[1]
hasta la espesa rama sosegada.

En este humilde tronco derribado,
donde la nada su silencio arroja,
puso la vida su temblor alado.

Hoy tan sólo sostiene cada hoja
un tímido recuerdo del pasado,
una amarilla, lánguida congoja.

---

[1] *que por mil fibras* (todas las eds. anteriores a OPC 1999).

DISCOS LUMINOSOS

Llegan los voltios por la larga vena
del cobre retorcido que dispara
sobre la noche ensordecida y clara
un jardín de cristal que brilla y truena.

¡Aquí, los jardineros del sonido!
Vengan sobre la acera y el cemento.
Verán rojos y verdes en el viento,
fiero el clavel, el nardo enfurecido.

Verán la roja flor del sobresalto
en un vergel que huele a gasolina,
verán su dura furia repentina
sobre el negro silencio del asfalto.

Vengan aquí por todos los caminos.
Verán en una eterna primavera
pájaros de metal sobre la acera
y eléctricos, mecánicos sus trinos.

Verán un gran relevo de colores
—rojo, verde, amarillo— perseguidos...[1].
Verán cómo florecen entre ruidos
los rostros asombrados de las flores.

[1] *el rojo, el blanco, el verde* (1.ª ed.).

LA ACACIA CAUTIVA

Cercada por ladrillos y cemento,
por asfalto, carteles y oficinas,
entre discos de luz, entre bocinas
una acacia cautiva busca un viento.

Busca un campo tranquilo, el soñoliento
río sonoro que en sus aguas finas
lleva luces que fluyen diamantinas
en sosegado y suave movimiento.

Busca el salto del pez, el raudo brillo
de su escama fugaz y repentina,
con rápida sorpresa de cuchillo.

Busca la presurosa golondrina,
no la brutal tristeza del ladrillo
que finge roja sangre en cada esquina.

EL CEMENTO[1]

Asomando entre vigas y fachadas[2],
surgiendo entre colores y países,
volando por las torres elevadas
pasa el cemento con sus alas grises.

La lluvia, si le toca, deja un llanto
en medio de los vientos, de las brisas,
por las regiones de la cal y el canto,
en el alto país de las cornisas.

[1] Cambia, desde PC (1967), el orden de este poema y del siguiente, con acierto. Además, de este poema suprime, a partir de OP (1982), las tres estrofas finales, con la misma estructura métrica de serventesio.

[2] *Asomado* (1.ª ed.).

CANCIONCILLA DE AMOR A MIS ZAPATOS

Los zapatos en que espero
el tiempo de mi partida
tienden dos alas de cuero
para sostener mi vida.

Bajo la suela delgada
siento la tierra que espera.
Entre la vida y la nada
¡qué delgada es la frontera!

La máscara y los dientes[1]
(1962)

[1] La fecha del libro figura así en eds. anteriores: PC (1697): (1958); OP (1982): (1958)/1962. En todas esas ediciones esta obra iba dedicada: *A mi mujer* o *A Conchita Barba, mi mujer* (OPC 1999). Al ir dedicado ahora a ella todo el libro, en esta nueva edición, el poeta ha preferido suprimir esta dedicatoria parcial, por considerarla incluida en la general.

Nota preliminar

Al escribir este libro en que se presenta con carácter simbólico la vida de un hombre cualquiera durante un solo día —también simbólico—, no me he propuesto desarrollar un poema novelesco, sino una acción tratada líricamente, que no es igual. A esta *acción lírica* la denomino *lirodrama,* buscando así, con un neologismo, la más clara precisión de su contenido. En el poema novelesco existe una trama, y el poeta no tiene inconveniente en hacer que ella sea lo esencial, sin importarle excesivamente renunciar a la expresión lírica cuando la situación de sus personajes así lo exige. En el tipo de poema que es *La máscara y los dientes,* lo primordial no es la trama, pues ésta no existe, aunque sí la acción, que es necesaria, la cual, a su vez, no es un pretexto, como en las geniales *Soledades* de Góngora, para presentar una serie de cuadros líricos que van sucediendo al paso de un personaje, sino que, por el contrario, yo intento aquí que esa acción, siempre tratada líricamente, venga a ser reflejo y símbolo, radiografía de algunos aspectos de la humanidad. Hay que añadir, para esclarecer lo más posible, que el tratamiento lírico del tema reside más en el lenguaje que en la presencia subjetiva del yo del poeta, que aquí queda en un segundo plano inmediato, sin lo cual no sería posible el lirodrama, cuya tendencia es más plural, como corresponde al símbolo que encarna. Era preciso ir de lo particular a lo universal y genérico, siempre, naturalmente, dentro de una limitación lógica y de la mía propia. Aquí no existe un héroe único o de fracción o grupo, sino un hombre que no tiene nombre alguno, porque es el símbolo de todos en un mundo de falsedad y hostilidades[1].

[1] En ediciones anteriores el texto concluye de este modo: *es el símbolo de todos con nuestras deformidades, con nuestros vicios, con nuestras virtudes, angustias, dolores y fracasos y, sobre todo, con nuestra lamentable falta de amor y de confraternidad, que es lo que ha forjado este mundo hostil, inmisericorde y poco cristiano que todos padecemos.*

Nada de fidelidad; sólo el fraude predomina en la Tierra. Amontonan iniquidad sobre iniquidad...; recelan el uno del otro; nadie confía en nadie...; todos se engañan, todos se difaman...; no hay en ellos palabras de verdad. Tan avezadas están sus lenguas a la mentira que ya no pueden sino mentir.

JEREMÍAS, 9, 3 y ss.

Primera parte

1

EL ALBA

Qué mansamente perezosa y limpia,
qué tiernamente silenciosa el alba
por los tejados del suburbio viene
heladamente venturosa y blanca.

Por los países turbios de la noche,
por sus negras regiones solitarias,
por las provincias del terror y el sueño,
por fantasmales, increíbles patrias,
atravesando dolorosos ámbitos,
entre silencio y sombra llega el alba.

Resbala entre las tejas, tenue ciñe
materiales nocturnos, apretadas
densidades informes, ciegas líneas
como una invitación a la esperanza.

El alba va llegando entre las cosas,
se desliza entre aristas, entre planas
superficies confusas, entre huecos
donde la noche se sumerge helada,
aclara duras sombras, cerrazones
donde el silencio habita, donde granan
impasibles, callados, inmutables,
nocturnos frutos de redonda nada.

Las recónditas cosas más humildes
rompen el vientre de la noche mansa,
y el color va naciendo, va pasando,
con sensitiva timidez callada,
del temeroso negro riguroso
al gris humilde, que cansado avanza

hacia la helada plenitud del blanco,
hacia la furia mineral del grana,
hacia el rigor del afilado verde
o al amarillo lleno de nostalgia.
Los místicos azules, afligidos violetas,
el varonil, hiriente, colérico escarlata,
el añil femenino, el pensativo cárdeno,
el sensitivo y desmayado malva
proclaman en el aire indiferente
la total plenitud pura del alba.

Ya triunfante la luz, limpia, gloriosa,
por la ciudad sonora se derrama...
Furiosamente pone en los cristales
iras agudas, persistentes, blancas,
que luego mansamente, tibiamente
a través de balcones y ventanas
entran en las alcobas, donde tienden
sus levísimos dedos de callada
piel inconsútil, tibia, transparente,
tan sólo luz finísima y dorada,
tierna mano que llega, que acaricia
telas sonoras, agitadas sábanas,
los zapatos desiertos, su nocturno
cuero yacente, donde saltan
sobre la noche del betún dormido
duras constelaciones olvidadas.
El Hombre abre sus ojos soñolientos
en la mudez de la impasible estancia
y, nuevo Adán, mira su paraíso
el mundo que le nace con el alba.

Todo lo viejo surge renacido,
todo es nuevo otra vez cada mañana.

INVASIÓN DE LA LUZ

Se despereza el Hombre soñoliento...
Sombras y luces van confusamente
persiguiéndole el leve movimiento,
creciendo y decreciendo de repente.

La débil luz sutil, como una amante
obstinada, silente y perezosa,
persigue una mejilla, y, al instante,
vuelve sobre la otra, presurosa.

Resbala por la frente, deja un brillo
en todo lo que alcanza y lo que toca
y es en los ojos súbito cuchillo
o es furioso clavel sobre la boca.

Se enreda con la sombra en los cabellos,
la cerca en los rincones y la cela,
se agolpa en los metales y, tras ellos,
se lanza y precipita, oscila y vuela.

Todo lo mira el Hombre. Van surgiendo
las cosas en la alcoba muda y fría;
tras la limpia ventana va naciendo
el oro suave y pálido del día.

LA MAÑANA

Tras el cristal sutil de la ventana,
porfía sensual y venturosa,
redonda, deseada y silenciosa
la presencia frutal de la mañana.

Todo lo colma con su luz temprana
de plenitud y tentación gozosa,
poniendo un paraíso en cada cosa
su clara piel lasciva de manzana.

Muerde, Hombre, muerde la manzana pura
de la luz que te busca y solicita[1]:
la vida se te entrega y su aventura.

Muérdela con pasión y precipita
tu corazón nocturno en la hermosura
de la luz que te cerca y que te incita[2].

---

[1] *de la luz que te llama y que te incita* (1.ª ed., PC 1967 y OP 1982).
[2] El terceto era diferente en las eds. anteriores citadas:

¡Ay, muerde con pasión y precipita
tu corazón violento hacia esa oscura
hambre de vida que tu entraña habita!

2

LA PUERTA

Y el Hombre ante su puerta, tras la leve
y vertical, solícita frontera
que él con pausado impulso gira y mueve
dando fingida vida a la madera,

a esta madera muerta y apresada
que sobre el hierro gira lentamente,
suavemente gimiendo, gobernada
por una muda mano indiferente.

Fue vida esta materia que ahora asume
la total sequedad que el tiempo muerde,
fue rumor con el viento, fue el perfume
del claro bosque sonoroso y verde.

El hacha cruenta de fulgente rabia,
a golpetazos pálidos y secos,
cegó los manantiales de la savia,
llenó el aire de iras y de ecos,

derribó la prestancia y la hermosura
y puso soledad en donde había
una vida latiendo hacia la altura;
dejó una desolada geografía.

Y luego un laborioso carpintero
laminó la madera y la compuso,
hundió el trueno en su entraña y el acero
y puso forma donde el ojo puso.

Hoy se posa en su muerte esclavizada,
en su yerta madera sometida,

una mano que empuja ilusionada,
avanzada de un Hombre hacia la vida,

pájaro solo de pausado vuelo
que la gozosa pluma nunca alhaja
y que remata el brazo en un anhelo
que, desde el corazón, callado baja,

que hasta la puerta llega esperanzado
para ir hasta la calle que lo espera,
para volar sobre el asfalto hollado,
sobre la gris promesa de la acera.

Las manos contra la puerta,
contra su madera muerta
llegan nuevas cada día,
llaman, se van,
abren, cierran, se detienen,
a la madera le dan
lo que sus sueños contienen
de tristeza o de alegría.

Y tras la espalda muda
la puerta se ha cerrado.
El Hombre se detiene, piensa, duda,
avanza preocupado
hacia la invitación de la escalera
y con andar pausado
comienza a descender ensimismado
con sueños, con dolores
hacia la derrotada primavera
que en la calle le espera
sin pájaros ni flores.

LA ESCALERA

El viejo mármol frío que aquí yace en peldaños
desgastados y tristes que una mano abrillanta,
con su sueño humillado por zapatos y años,
hacia el pie fugitivo su presencia levanta,

levanta su fracaso, sus grietas, sus remotas
ilusiones de estatua, de estudios y cinceles
y se entrega al desprecio de las sonoras botas
en láminas silentes, pesarosas y fieles.

Esto pudo ser seno de albísima hermosura,
pudo tener de Venus las formas sensuales,
erguirse en un Apolo de fúlgida estatura
o hacerse tierno y dulce con formas maternales.

Pero el mármol humilla su nevada belleza
peldaño tras peldaño, pisada tras pisada,
aunque quizás en eso resida su grandeza,
su más alto triunfo, su estatua más alzada.

Y ya el hombre desciende y se apresura,
hacia la calle marcha, a la aventura
del pan de cada día que buscamos
como lobos hambrientos en la oscura
cerrazón de la noche que habitamos.

COMO PIEDRA EN EL VIENTO

Oh, no, no son el día
esas luces que penetran,
que te envuelven,
que tan mansas te ciñen,
que tan tibias te abrazan,
que te cercan la frente
con su beso dorado,
que te invaden
y buscan el fondo triste de tus ojos.

Esas ventanas grandes
que a la escalera asoman
no traen la luz al Hombre,
porque ellas son los ojos de la muerte,
los del odio,
los de la mentira,
porque ellas son los ojos ávidos del mundo
que acechan a su presa.

Pero no puedes escaparte
ni refugiarte en parte alguna,
porque todas las puertas se cerraron,
porque por todos los rincones,
por todas las esquinas
te está acechando el tigre de la envidia,
mientras por todas las calles se te escapa
la corza blanca de la dicha
y por todos los cielos
el ave inalcanzable de la esperanza.

Pero baja, desciende esa escalera.
Tú no puedes pararte.
Has de seguir, seguir todos los días
bajo todas las lluvias,

bajo todos los soles.
Eres como la piedra que lanzó un muchacho.
Cuando se pare,
descansará en la tierra para siempre.

Sigue, sigue bajando,
llega hasta el fondo amargo,
húndete así en la vida
como dos labios secos en el agua que escapa.

3

LA CALLE

Y ya estás en la calle, prisionero
en un mundo de voces y de ruidos,
en un mundo de sueños confundidos,
en un fiero murmullo de avispero.

Una malla de penas y de acero,
de motores, de risas y de olvidos,
de pasiones oscuras y sentidos
teje un furtivo, impávido hilandero.

Caminas entre fieras dentelladas,
entre máscaras acres y colmillos,
entre cruentas tormentas disfrazadas,

entre zapatos de fugaces brillos
que sostienen al aire levantadas
feroces procesiones de cuchillos.

Estás ahora en medio de la calle,
en medio de los otros, tus hermanos,
en un gran hervidero de caínes,
en un gran río de apagado llanto.

Pero estás solo, solo entre los otros
como en el bosque solo se halla el árbol.
Solo contigo, con tus sueños solo,
con tu egoísmo solo entre los brazos,

caminas hacia nadie y siempre pasas
como un viento invisible sobre el páramo.
Ellos también van solos. Todos hacia
la soledad más pura caminamos.

LA GENTE

Mira los barrenderos matinales,
los hijos del rocío y de la pana,
los fluviales mangueros
que en un chorro de colérica plata
sostienen en el aire algún tierno arco iris,
un fúlgido jardín,
un ala pura de la primavera.

Pero todo es un llanto,
una lágrima que arrastraba sueños,
una lágrima de colores húmedos[1],
una precipitación hacia la muerte,
una caída hacia el asfalto,
hacia el oscuro corazón de las alcantarillas,
hacia su gran boca de helado pez nocturno.

Mira, Hombre, mira
al lechero sonoro y sus metales
que suenan agitados,
mírale perseguido
por un furioso, fantasmal rebaño.
Ha hurtado la gran savia,
ha violado los zumos
del frondoso ramaje de las venas,
ha exprimido las glándulas,
las fuentes entrañables de la vida.

Mira los pescaderos húmedos y verdes,
los hombres de las manos pálidas y frías,
los que han tocado el gélido secreto,
el helado corazón,
la increíble y glacial entraña de los mares,

---

[1] *una lágrima empapada de colores húmedos* (1.ª ed.).

los que guardan en cajas de lluviosa madera
la gran noche marina arrancada del fondo,
el gran turbión de los peces fugaces,
sus furiosos relámpagos,
sus constelaciones fugitivas.
Son como dioses verdes de la muerte marina.
Míralos rodeados por agónicos ojos,
por cuévanos sangrantes
que miran fijamente hacia la nada
con una acusación imperturbable.

Mira los hombres que transportan verduras
y las redondas pomas que atesoran
los zumos maternales de la tierra;
los agrios vinateros,
los que encierran en odres la pasión y el delirio,
la irresistible fuerza de los sueños,
el furioso vendaval de las viñas,
el corazón sangrante del deseo,
las empapadas alas del olvido,
la huracanada plenitud del vino.

Te cruzas con carteros y con niños,
es decir, atraviesas
los territorios puros de la esperanza,
pasas entre albañiles blancos,
entre mecánicos azules
y entre negros carboneros,
te confundes, te mezclas
con el dolor del mundo,
con la alegría y el llanto,
con un huracán precipitado,
con la inclemente soledad de todos.
Estás en la gran malla,
en la red inviolable,
estás entre los dientes de la vida.

Estás en la gran jungla,
en la tumultuosa competencia de las garras.

Nadie ama a nadie, hermano.
La sospecha, los celos y la envidia
con su silencio de pantera sedosa,
con sus hambres ocultas
bajo la tersa piel suavísima
que finge una caricia
están siempre esperando a su víctima,
están siempre acechando con un ojo implacable
como un astro dispuesto a caer sobre el mundo.

Hay un botín, una carnaza arrojada a los hombres.
Todos luchan por ella,
por ella se destrozan,
y sangra la esperanza...

Y todo es sangre, sangre,
un vendaval de sangre,
una tormenta,
una increíble furia milenaria.

No importan las sonrisas
porque tras los besos vive el diente
con su feroz destino,
porque el instinto se disfraza con hipócritas sedas,
con galantes colores de suavísima gama
para tapar al mundo su brutal desnudez,
su germinal corazón de hecatombe.

Es el gran carnaval de la jungla
que ahora atraviesas hacia tu oficina,
donde un reloj implacable,
donde un tiempo sin vida
gira sobre tu nuca
goteando minutos que están llenos de sangre.

EL TRANVÍA

Sigue, prosigue, sube a tu tranvía,
rueda con él, cabalga sus metales,
olvida fuentes, ríos manantiales,
sigue, prosigue la implacable vía.

Olvida las praderas, la alegría
de los verdes paisajes vegetales,
sigue entre fieros hierros y cristales
mientras crece frutal, gozoso el día.

Al fin arribaréis a la llegada
sin miraros, sin veros tan siquiera
por no gastar siquiera una mirada.

Descenderéis al borde de la acera
y os perderéis sin ilusión, sin nada,
entre esta asesinada primavera.

Y el tranvía prosigue,
avanza, avanza
con su carga tumultuaria de tempestades,
con su gran viento azul de telegrama,
con sus corazones indefensos,
con aburrimientos esteparios,
con sueños,
con zapatos,
con esperanzas,
con corbatas,
con odios,
con pañuelos,
con el plural ramaje de la vida.

Atrás deja las casas
donde besos y ladrillos,

donde grifos y lágrimas,
escobas y desprecios,
esperanzas y ventanas,
fieros muros y cerrados pechos
levantan su increíble, fantasmal paraíso de ceniza.

Atrás se va quedando la gente de la acera,
perdiéndose, achicándose,
logrando su gran nada,
invadiendo su muerte,
poseyendo el futuro.

4

LA OFICINA

Veinte mesas oscuras, veinte vidas
y una mesa más grande tras cristales.
Mas todas son distintamente iguales,
son veintiún inciertos salvavidas.

Son restos de un naufragio. Son tablones
que permiten asirse ansiosamente,
luchar contra las olas diariamente
en medio de los bruscos empellones.

¿Y en dónde está la orilla? ¿Dónde espera
la tierra firme? Decid dónde se halla
algún acantilado, alguna playa.
¿O es todo mar inmenso y sin ribera?

Decid, por Dios, en dónde habrán de asirse
los náufragos que flotan cada día.
Decid qué roca queda todavía
antes que acaben todos por hundirse.

Porque todos van solos con orgullo
y el que tiene dos manos las emplea
en asirse a su tabla. La pelea
es tan sólo flotar, ir a lo suyo,

nadar, nadar desesperadamente
sin ver la tierra nunca ni al hermano,
nadar, nadar furiosamente en vano,
aunque más valga hundirse de repente.

Son tan crueles las olas, tan brutales
y es tal el ansia por vivir siquiera

que tan sólo flotar cada uno espera
sin tiempo de soñar los litorales.

Y el Hombre ante su mesa con un mar de papeles
que exigen, que demandan, que ruegan, que lamentan
escribe largas cartas sin corazón, con números,
escribe nombres, calles, escribe indiferencia.

Pudo escribir: El prójimo no existe. *Pero puso*
sobre el papel timbrado: No puede ser. La empresa
es totalmente ajena a su desgracia. *Y luego*
firmó por orden. Rubricó. Puso la fecha.

Las máquinas de escribir
van dejando en el papel
su mecánico decir.

Calculan calculadoras
inhumanas, infalibles.
Máquinas registradoras
marcan cifras. Los humanos
tan sólo aprietan botones
con sus impasibles manos.

La vida es así: una rueda
dentada que gira y gira
con corazón de moneda.

Y todo se mecaniza
fijado por un horario
que, al fin y al cabo, es ceniza.

Pero de la ceniza surge el hombre,
como brilla la estrella en medio de la noche,
pero entre émbolos y poleas surge el hombre
igual que la palmera en el desierto,
pero entre injustas leyes,

entre mentiras,
entre decoraciones engañosas
surge el hombre
igual que el manantial entre la roca,
como el deseo en el asceta,
como el hambre en el rico,
como la muerte en el olivo milenario,
como la sombra al pie de la montaña.
Como la vida surge el hombre.

Avanza desde el fondo del corazón,
desde la raíz tumultuaria del llanto,
desde la sed
y desde el sueño,
avanza desde el hambre,
desde la ira,
desde la esperanza,
desde el amor
o desde el odio,
avanza desde el dedo de Dios,
avanza desde el barro,
avanza como un alud furioso,
como un encendido meteoro,
como la incontenible plenitud de la vida.

Un colérico puño,
una zarpa inclemente
es esa dulce mano de muchacha
que golpea las teclas,
que provoca un chapoteo mecánico,
una lluvia metálica
sobre el papel que gira en el rodillo
con frases comerciales,
con saludos,
con su tormenta de metal y tinta,
con su farsa sangrienta,
con su dulce mentira,
con la gran máscara del mundo.

Y esa amplia sonrisa,
esos dientes pulidos,
desesperadamente blancos
del hombrecillo débil tras su mesa
son la gran dentellada,
la volcánica furia,
la entraña inconmovible,
secular de la selva,
la contenida ansia,
el grito,
la descarnada fuerza del instinto.
Pero sonríen siempre,
pero brillan espléndidos
con la mentida inocencia de la nieve.

Y esa carta, ese oficio
son la hermandad,
la vida,
los lazos que nos unen,
lo que hace de los hombres una sola familia,
unida, inseparable hasta la muerte,
hasta la sombra helada que espera bajo el hueso.

Todos unidos, sí. Cuánta fortuna.
Qué comunión de abrazos y de manos.
Todos luchamos juntos como hermanos,
todo, en el fondo, siempre nos aúna.

Vamos al mismo fin todos a una,
y hasta los más ocultos y lejanos
siguen con los demás seres humanos
hacia la misma meta: hacia ninguna.

Mientras gire el planeta lucharemos
entre olas de llanto y de coraje.
Desde la misma barca remaremos,

lo queramos o no. Siempre seremos
hermanos hasta el fin del oleaje,
hasta que todos juntos nos ahoguemos.

Mirad a un hombre por dentro,
miradle hondo, muy hondo
hasta la raíz del sueño,
hasta la fuente del llanto,
hasta el abismo del miedo,
hasta la verdad desnuda,
hasta el instinto primero.
Le veréis temblar al fondo
como un árbol bajo el viento,
como una corza perdida
en un inmenso desierto[1],
le veréis débil, desnudo,
lleno de terror, huyendo.

Pero de esta oficina no se puede escapar
porque sería lo mismo que entregarse a la muerte,
que entregarse a la impávida indiferencia de los otros,
sería quedarse en medio de la calle,
en medio de la vida,
en medio del inhóspito asfalto
donde la primavera no florece,
sería quedarse en medio de la muerte,
en el centro absoluto de un abandono milenario.

Y el Hombre sigue tras su mesa,
aferrado a su tabla,
aferrado a su vida.
Y escribe informes con corazón prestado,
suma, resta, multiplica, divide.

Una rama de acacia solitaria
golpea en los cristales de su ventana.
Ha florecido anoche,
pero golpea sola,

---

[1] *le veréis correr temblando*
ciego y loco, hacia los sueños (1.ª ed. y PC 1967. Suprimidos en OP 1982).

única,
abandonada,
llama sin que nadie la mire.
Está sola en medio de la acera,
como todos estamos.
¡Sola! ¡Sola!
Pero aún entrega aroma y sombra
a la brutal indiferencia de la gente que pasa.

5

LIBERTAD Y RETORNO[1]

Y el Hombre de las mangas rozadas,
el de los ojos brillantes y tristes como dos
charcos nocturnos,
el de los ojos húmedos y duros
como piedras bajo la noche germinal,
miró hacia el sol de la ventana,
miró hacia la esperanza,
hacia el reloj que marcaba
en su gran ojo muerto,
en su gélida redondez impasible
la hora exacta de la libertad.

Ya era dueño de sí,
el dueño de su corazón irresoluto,
de sus sueños inalcanzables,
de su miserable carroña
puesta en pie hacia la muerte,
y sintió un gozo,
una caricia,
un sueño palpitante,
un dolor suyo,
suyo,
suyo,
en su alquilado corazón,
donde el sueño enterraba
oscuras procesiones de suspiros,
vendavales de llanto,
sirocos de cenizas y de olvido.

---

[1] LA LIBERTAD/ RETORNO (1.ª ed., corregido en PC 1967).

Ahora estaba en la calle,
caído en la gran red que tejen las miradas
con hilillos de odio
y de lujuria,
de desprecio,
de llanto,
de clemencia,
de gozo,
de avaricia,
en la gran red que trenzan los zapatos
del Norte al Sur,
del Este hacia el Oeste,
en la gran red que teje
el fugaz corazón de cada hombre[2].

Y entró en la tabernilla donde el vino
abre las puertas de la libertad,
los grandes ventanales de la dicha.
Pero allí estaban la pobreza y el hambre,
el llanto y la blasfemia,
pero allí estaba el dolor de ser hombre.

Y huyó rápidamente hacia su casa sin familia,
hacia la vieja pensión húmeda y fría,
rumió su soledad con su comida
y tornó a la oficina
bajo el gran ojo muerto del reloj implacable.

Ya no pudo soñar
porque era un robo,
había vendido el tiempo de su alma.

---

[2] *Hombre* (mayúscula en la 1.ª ed.).

Segunda parte

1

FIN DE JORNADA

Un borrascoso abrirse de ventanas,
una eclosión de puertas y de auroras,
un gozo de banderas y de aves
restallando en el aire genesiaco...[1].

Así sonó la hora de la libertad,
poniendo una galerna de palomas,
un huracán de alas, una pradera pura
en aquel pobre Hombre de las mangas rozadas
que en lluviosos hilillos resumían
la mundial palidez de la tristeza.

Pero la libertad nunca ha existido,
tan sólo es ilusión, vana esperanza
del corazón humano sometido[2].

Así el Hombre pensó mientras miraba
el alto cielo puro. (El pensamiento,
tras de los ojos tristes, le marchaba):

El cielo. ¡Qué soledad!
Ni una nube. Sólo un ave
cruzando la inmensidad.
¿Alas de la libertad?
¡Quién lo sabe!

---

[1] En la 1.ª ed. y PC (1967) el poema comenzaba con una estrofa de diez versos, suprimida a partir de OP (1982), aunque estos cuatro versos finales —también nuevos— mantienen términos de la primera versión.

[2] En 1.ª ed. y PC (1967) sigue una estrofa de cuatro versos que insiste en el carácter ilusorio de la libertad.

Pensó el Hombre tristemente:
Quizá el aire claro y suave,
tan liviano,
visto por el ojo humano,
la libertad represente,
pero ¿quién dice que el ave
libre en el aire se siente?
¿Qué es la libertad, Dios mío?
¿Es la nube o es el viento?
¿El agua mansa del río?
¿O es tan sólo el pensamiento?

Pero a la nube la ordena
el viento que la encamina,
y el viento, contra la esquina,
se rompe y se desordena.

Y al agua que fluye y suena
con pausada melodía
un fijo cauce la guía
que al mar siempre la condena.

¿Lo libre es sólo pensar
todo aquello que queremos?
Sí, Señor.
Pero nuestro gran dolor
es soñar
lo que nunca alcanzaremos.

¡Dios mío, no puede ser!
¿Acaso,
si tengo sed, agua y vaso,
tampoco podré beber?

Y algo le dijo que sí.
Mas luego se preguntó:
¿La sed que me tiene a mí
es mi libertad o no?

Y siguió caminando.
No era libre, no era
más que pura pasión
atravesando,
preso del pensamiento y de la acera,
preso del corazón,
una vertiginosa enredadera
de gente presurosa,
de raudos automóviles rugientes,
de rostros inmediatos,
de angustiosa
sucesión de presentes
y zapatos.

2

OCASO EN EL PARQUE

La tarde iba cayendo. Lentamente,
como se alacia un fruto de dorada
piel sensitiva, silenciosa y pura
la luz palidecía y se mustiaba.
Con tímida ternura se afligía
sobre el aire doliente, sobre el agua
que antes brillaba con metal, con ira,
con súbitos cuchillos que pasaban...

Por la verde arboleda, entre el ramaje,
en un pálido adiós se deslizaba
y en el extremo de las ramas puras
era una pena dolorida y clara.
En la arena del parque, sobre el césped,
las fugitivas sombras se alargaban
leves y dulces, pálidas, confusas
en busca de la noche, hacia su nada.
La furia del color, su poderosa
plenitud virginal, se sosegaba.
Ya el grana mineral, el rojo altivo,
el azul sideral y el escarlata
de hiriente dentellada vengativa
tenuemente cansados replegaban
sus grandes alas silenciosas, puras,
abatidas, serenas, derrotadas.

Los tiernos amarillos se extinguían
y era un suspiro fugitivo el malva,
lo gris iba creciendo, oscureciendo,
adensando negror entre las ramas.
Las sombras se fundían. Ya la noche
entre la yerba humilde se ocultaba,

se hundía entre las cosas, quedamente
invadía los huecos suave y mansa
y luego, sigilosa, se extendía,
caía sobre el mundo. Era una garra
que en el aire se hundía, que en la tierra,
lenta, implacable, firme se adentraba.
Pero la vida viva proseguía,
pero la vida viva levantaba
en medio de la sombra, de la noche,
surtidores de sangre, de palabras,
dientes y risas, besos, corazones,
arracimada furia, plural ansia,
surgía entre las uñas de la sombra,
brotaba incontenible como un agua,
surgía por la boca y por los ojos
de la nocturna y planetaria máscara.

Allí estaba la vida, sí.
Era una densa palpitación,
una gozosa presencia interminable,
una gran eclosión germinal,
una gran plenitud bajo la noche,
un inmenso ramaje desplegado,
unas alas abiertas,
unas ciegas raíces
bajando febricentes
hasta el profundo secreto seminal,
hasta el latente y puro corazón genesiaco.

AMOR. DOLOR

Y el Hombre estaba allí, junto a su amada,
los dos en medio de la misma vida,
quietos bajo su garra y sin salida,
temiendo la implacable dentellada.

No se puede escapar. Siempre cerrada
está la puerta, oh Dios, para la huida.
No hay fugitivos, no, que está prohibida
la evasión del dolor. Puerta sellada.

La vida, entre sus dientes, nos convoca,
nos hunde, nos apresa, nos tritura,
somos manjar amargo de su boca.

Tenemos sed brutal, fiebre, locura
por encontrar la luz. Pero se choca
siempre en el muro de la noche oscura.

No podréis escapar de la tristeza
ni del dolor, vuestros tenaces dueños.
Os perderéis huyendo entre maleza
por esta selva sin piedad, sin sueños.

Ya no está el Paraíso en esta tierra,
sino un fiero diluvio de colmillos,
una furiosa, inacabable guerra,
una insomne tormenta de cuchillos.

Sólo amaros os queda todavía
en medio del dolor, del mar incierto.
Aunque mañana empiece un nuevo día,
nunca las naves llegarán al puerto.

Soñad, soñad, porque el soñar consuela
y colma el corazón de un vino fuerte.

No pongáis la esperanza en lo que vuela,
ponedla en lo que queda, que es la muerte.

Y por el parque sombrío
lentamente caminando,
se fueron los dos soñando
hacia su mar, como un río.

3

LA NOCHE

Y por un laberinto de callejas
solo ya el Hombre vuelve hacia su casa.
Es una sombra oscura por la acera,
una mancha sin nombre, es una sombra
perdida entre las sombras compañeras.

¿Quién eres tú, secreto transeúnte
sin nombre y sin contorno entre la espesa
muchedumbre que gira, que se cruza
sin nombre y sin contorno, como arena
movida por un viento infatigable
que nadie sabe desde dónde llega?

¿Quién tejerá los hilos dispersados
de tantos hombres y de tantas penas?
¿Quién unirá los pobres cabos sueltos
que el huracán revuelve y desordena?[1].
¿Quién tejerá la malla solidaria
con tanta y tanta y tanta indiferencia?

Camina, caminante, hacia tu casa,
atraviesa el gran mapa de la ausencia,
del dolor de los otros, de su dicha,
de sus hondos pecados, de su pena.

Oh, cruza tú la noche indiferente,
la solitaria y calcinada estepa
del abandono oscuro, la gran patria
de la esperanza pura, las praderas

---

[1] Garcilaso: «el viento mueve, esparce y desordena» (soneto XXIII). *(N. del A.)*

dormidas del olvido, los países
que el llanto habita, que el silencio puebla.

Oh, cruza tú los turbios continentes
de la oculta pasión, las gigantescas
montañas de la ira, las regiones
de cal baldía, de ceniza y piedra
donde alguien pide amor, donde alguien pide
tan sólo una palabra verdadera.

Pero tú pasas, pasas diariamente
igual que pasa el otro, que se aleja,
porque todos caminan, porque nadie
puede pararse aquí sobre la acera.

No hay tiempo que perder. La vida arrastra
con sus horarios crueles, con sus fechas,
con trenes puntuales y estaciones
donde la muerte solitaria espera.

Oh, cruza tú la noche indiferente,
cruza la noche inconmovible y negra
hasta el blanco silencio de tus huesos,
hasta la helada pulpa de la ausencia,
hasta el nevado adiós, hasta el olvido,
hasta encontrar tu propia calavera[2].

[2] El poema contenía originalmente cuatro estrofas más. La primera, de seis versos, queda definitivamente suprimida a partir de OP (1982), mientras que las tres restantes forman el poema siguiente, «La casa», que, naturalmente no figuraba como tal antes de 1982.

LA CASA

Allá en su habitación fue despojándose
de ropas y de afanes, como el árbol[1]
cuando abandona sus hojas en otoño,
cuando nos muestra su humilde desnudez,
el gran cansancio de la vida.

Ahora estaba desnudo,
arrojada la máscara, indefenso,
solo, sin ilusiones, sin batalla,
sin nadie.

Y él no era nadie, nada,
sólo un trozo de vida,
un trozo de cansancio,
un abandono,
un barco que llegaba desarbolado al puerto.

---

[1] *igual que el árbol* (1.ª ed.).

PUNTO FINAL[1]

Y apagó la bombilla que en el techo lucía,
que a las cosas les daba su presencia y su brillo
como un astro pequeño, dolorido, amarillo
que el polvo tiernamente sutil encanecía.

Posó la sombra el ala, la súbita pavura
de su tenue plumaje silencioso y maldito,
borró materia y forma, forjó un breve infinito.
En la pequeña estancia reinó la noche pura.

Las cosas fueron nada ya sin el ojo humano.
Sin nombre, sin contorno, sólo la nada había.
La vida se quedaba sumergida y vacía
esperando el milagro del ojo y de la mano.

Dormido el Hombre ya, materia inerte,
tan sólo soledad, sombra y olvido,
ya sin amor, sin lucha y sin sentido
era el sentido oscuro de la muerte.

[1] Suprime la estrofa inicial de este poema, separada como unidad independiente del resto por un doble blanco, desde OP (1982). Las supresiones afectan, en general y sobre todo, a las referencias religiosas más explícitas.

Rafael Morales hacia 1967 (foto de Estudio Lagos).

La rueda y el viento[1] *(1971)*

[1] En la primera edición (1971) se incluye una nota de agradecimiento a la Fundación Juan March por la beca de literatura para escribir esta obra. Ya no consta en OP (1982). En esta recopilación la fecha figura así: (1967-1969)/1971.

Primera parte[1]

[1] Parte Primera (1.ª ed. y OP 1982). Las separaciones de los grupos estróficos no son siempre las mismas en las diferentes impresiones. Procuramos ajustar los blancos según el significado, la métrica y, en su caso, la versión más convincente.

Allá en el seno oscuro[1],
en el hondo secreto,
en la entraña nocturna de la tierra,
en el pecho intangible del silencio,
pasada la frontera de la sombra,
allá en la soledad que siempre existe,
las raíces, que eran tan sólo olvido,
cabellera pluvial del abandono,
desolada sumisión al invierno,
se hacen de pronto arterias palpitantes de la vida,
emanación del gozo,
ascensión germinal,
tierno cauce invadido hacia lo alto,
esperanza del mundo.

Brota auroral la savia sumergida,
invade el laberinto letal de las raíces,
despliega su corazón plural,
su tierno mapa de húmedo silencio,
de frescor intocado,
hasta llenar de amaneciente impulso,
de gozo creacional
el gran vientre sombrío de la tierra.

Puja la vida,
puja incontenible,
y desde el fondo seminal asciende
su ciego testimonio del origen,
su oculta pleamar,
que sube y sube y sube
inundando el asombro,
la plenitud del cántico,

---

[1] Antecede al primer verso en la 1.ª ed. y OP (1982): INTRODUCCIÓN.

el sordo corazón de la madera.
Y allá pura, en lo alto,
desata su galerna de verdor absoluto.

Alza la floración sus húmedos colores,
sus trémulas banderas, escapando
del pecho sumergido del invierno,
subiendo inaugurales,
proclamando la plenitud primaveral del gozo.

Con alas empapadas de esperanza,
a grandes aletazos amarillos
abre el turbión del polen en el viento
su insomne cabellera de deseo,
y en los estigmas virginales hunde
su fecundante plenitud de aurora,
la adánica materia del futuro.

Los mínimos insectos, concreción del instante,
pueblan la aurora pálida del pétalo,
el diluvial verdor de las praderas,
y de la noche oval de los capullos,
de sus prisiones de esperanza y sombra
surge el candor de unas alas levísimas
que agitan venturosas su sorpresa cromática,
y hechas puro temblor, ansia irisada,
ascienden por el aire de íntimo silencio[2].

La luz despliega lenta
su tierno despertar de madreselva,
su intimidad de oro,
el nevado secreto de su pecho de alondra,
su pálido frescor de lilial aventura,
y hunde en los ojos puros de las bestias
sus mansos lagos de inocencia y alba,
la candorosa aurora edénica del mundo.

---

[2] *asciende por el aire de silencio y de nácar* (1.ª ed. y OP 1982).

Surgen las alas, alzan su verdor sorprendido,
su instantáneo amarillo,
sus azules y blancos de gozosa esperanza,
y todo el aire turgencial se colma
de la alta gracia inaugural del cántico.

Tentadora, auroral, fresca aparece,
irrumpe, rompe, surge estremecida
la borbotante y verde sacudida
del gran gozo vital que crece y crece.

Ramos de libertad el aire ofrece,
ya todo es esperanza sorprendida,
mano abierta de Dios y de la vida
en este campo en que la paz florece.

El corazón al sueño se aventura,
se evade del dolor que le limita,
rompe el gran muro de la noche oscura.

Y ave feliz, a la que el cielo incita,
se pierde por lo azul de la hermosura,
creyendo que la paz es infinita.

Pero tras estos muros de los huertos,
en estas florecidas heredades,
las canas del dolor, por las edades
dejan un rastro de mentira y muertos,

la ceniza edifica sus conciertos
de palabras y risas. Soledades
guardan los corazones. Las verdades
caminan entre lobos y desiertos.

Vendavales de inhóspitos colmillos
refulgen en la paz, y entre sus frutos
celan eternamente los cuchillos,

que aquí está el hombre y cuenta sus minutos,
en medio de estos gozos y estos brillos,
por odios, egoísmos y por lutos.

Los injustos aquí jueces se hicieron,
y hasta hablaron de amor los asesinos.
Un turbio carnaval de sangre y vinos
todos con su constancia construyeron.

La libertad cantaron, y mintieron,
y en un bosque de besos y de trinos
miles de judas por todos los caminos[3]
besos de paz a todos concedieron.

¡Qué tierna maravilla tan humana
qué alto ejemplo de limpia paz cristiana
en esta gusanera maloliente!

¡Oh, Dios! ¡Oh, Dios! Mira qué turbia mana
esta incansable, venenosa fuente,
ajena a tu Palabra eternamente.

Aquí está el plano exacto de la vida,
su turbia enredadera,
su maraña,
su espeso laberinto de arterias y de sueños,
el gran mapa inmutable del corazón humano.

Aquí el Norte y el Sur, el Este y el Oeste
extienden los desiertos del hastío,

---

[3] Verso hipermétrico. *(N. del A.)*

las negras parameras de la guerra,
los bosques lujuriantes del deseo,
los lentos amazonas del desprecio
que eternamente indiferentes pasan.

Aquí los himalayas más soberbios
alzan su frente de silencio y bruma,
aquí edifica el miedo sus abismos,
la ceguera abisal del corazón en sombra,
aquí no se señalan las yerbas más sencillas,
los árboles del campo,
los íntimos jardines de la tarde.

Pero mirad, mirad la nívea dentadura de la sierra,
su alta sonrisa helada junto al cielo,
los turbiones del águila y del llanto.

Mirad qué bien se marcan las fronteras,
los límites exactos de las patrias,
la gran cerca inclemente de lo que sólo es nuestro,
la insensible muralla,
la alta piedra,
la fiera cerrazón del egoísmo.

Aquí la incomprensión, sus roquedales,
el insulario corazón, la nieve,
o el litoral violento, el arrecife,
las lívidas siberias,
los olvidos,
las largas carreteras del cansancio,
la interminable soledad del hombre.

Éstos son los raíles del tirano,
su geometría de metal y miedo,
el frío interminable de sus largos convoyes de terror y de sombra.

Aquí los torvos reinos del alisio,
los gólgotas del llanto y la injusticia,

los puños cenitales de la cólera,
la diluvial región de la inclemencia.

Exuberantes de frescor y frutos,
evas de la promesa y la delicia,
las lujuriantes selvas se dilatan,
abren su ignoto corazón de sombra,
alzan su verde intimidad profunda[4].

Mas la sombra frutal,
sus grandes alas[5],
su fiel silencio de dormida seda
guardan el rayo de la zarpa oculta[6],
la serpiente sin tiempo de todo paraíso.

Mirad aquí belenes de esperanza
en la nación del llanto,
los turbios sanedrines de la noche
en las jerusalenes de la muerte.

Busca el amor aquí las puertas aurorales,
las ventanas que abran sus clavadas maderas
y se encuentra con muros y enconados metales,
con miriadas de altivas y cerradas fronteras.

Son los hombres que pasan forjadores del lloro,
tejedores del hilo demencial del enredo,
matarifes del sueño, sacerdotes del oro,
ingenieros del odio, capataces del miedo.
Cada uno su muro contra el otro construye,

---

[4] Estos dos versos finales cambian respecto de la 1.ª ed. y OP (1982):

abren su perezoso corazón de manzano,
la tierna intimidad de sus magnolios.

[5] 1.ª ed. y OP (1982): *sus grandes alas verdes.*
[6] *Ídem: de la zarpa ignota,*

busca el bronce más firme y el granito más fiero,
fortifica egoísmos y nocturno recluye
en su patria de sombra su inclemencia de acero.

Mientras nieva el olvido su mudez sonriente,
pasa el amor, herido, con su cruz, sin delito,
junto al muro de helada rigidez persistente,
por las largas aceras del desprecio infinito.

Este mundo de hermanos —que la boca proclama—
es castillo con muros de inmutable sordera
y el que a su piedra llega y el que a su puerta llama
sólo escucha el sonido de la altiva madera.

Muros y muros por las largas calles,
laberintos murados, soledades de cuarzo,
muros y muros cortando los caminos,
atravesando las ciudades, los campos, los jardines,
cegando carreteras, ríos, sueños, suspiros,
taponando esperanzas,
aterrando, creciendo,
multiplicándose infinitos.

Muros y muros,
fantasmales sillares emergiendo
de la noche geológica,
de los ciegos estratos del silencio,
del sílex que penetra en la tibia hermosura de la vida.

Y por las largas calles de almenado desprecio,
por las indiferentes avenidas del llanto,
por las tímidas plazas de la pena recóndita,
por los jardines donde el otoño pasa
con sus pálidas alas de tristeza y de niebla
muros y muros irrumpiendo siempre,
chocando, amenazando, abalanzándose
como sordas manadas de turbios elefantes
arrancados del miedo cavernario,

nacidos de la noche primaria,
de las grises canteras del invierno.

Aquí te llamo, amor, ven y golpea
con tu oleaje en muro y en acero,
insiste noche y día, mensajero
del recio mar de Dios, que en Sí te crea.

Ola tras ola ven. Tu alta marea
crezca, suba, desborde hasta el nevero
más firme y más helado y más cimero.
Todo sumido en ti por siempre sea.

Acójannos tus aguas eternales,
que nada quede a flor sobre tu espuma.
¡Tiéndenos ya tus brazos diluviales!

Brillando bajo el Sol, rota la bruma,
rotos los férreos muros litorales,
todo en ti se sumerja y se resuma.

Oh, tú samaritano,
mira cuántos caminos de Jerusalén a Jericó,
cuántos heridos desangrándose,
robados,
olvidados,
caídos,
llorando sobre el polvo impasible de los siglos,
rehuidos por los otros, sus hermanos.

Mira qué gran enredo de caminos,
qué malla de mentiras y egoísmos,
qué maraña diabólica de calles y semáforos,
de huidas y vergüenzas.

Mira a los hombres de desprecio y nieve,
las turbias sinrazones que en la sombra

de nocturnos pasillos,
de portales de miedo y abandono,
con húmedos silencios de sótano y de jungla,
acechan con la muerte en los claros colmillos,
relámpagos blanquísimos,
cegadores cuchillos que fulminan
la inocencia del hombre que atraviesa la noche
por este valle de esperanza y llanto.

Ven tú, samaritano,
con tu mirada de esperanza y luna,
con tu oración de bálsamo y congoja,
con tus floridas manos aurorales.

Oh sí, ven tú por todos los caminos de la tierra,
por todas las aceras del desprecio,
por este ciego asfalto
que ahogó todo verdor,
entre estos rascacielos que levantan
estólida materia y oficinas,
torres del oro,
babeles de codicia.

Ay, ¿quién podrá borrarnos tanto ultraje,
lavarnos tanta herida, levantarnos
del polvo en que yacemos, señalarnos
la ansiada senda oculta entre el boscaje?

Y ya puestos en pie, cuando el follaje
ofrezca a nuestra sed, para tentarnos,
frutos de tierna luz con que cegarnos,
¿quién mostrará las púas del ramaje?

Oh, no te vayas tú, samaritano,
no nos dejes, gimiendo entre las frondas,
en esta selva de inclemente arcano.

Oh, no, dolida mano, no te escondas,
que vamos torpes por el bosque vano,
ciegos de viejas soledades hondas.

Pero no es un bosque esto
ni una selva ni un desierto
ni tampoco un mar sin puerto.

Son hombres que van y vienen
y es el viento, el viento, el viento.

Calles, calles, calles, calles...
Largas, largas, largas, largas
soledades de cemento.

Olas, olas, olas, olas...
con el hombre, con el viento,
zapatos que van, que vienen
con la risa, con los sueños,
ramas, ramas, ramas, ramas
con el hombre, con el viento,
zapatos que van, que vienen
con los vivos, con los muertos,
arena, arena y arena
siempre y siempre en movimiento.

Y la rueda gira y gira
con el hombre, con el viento.
Avenidas y avenidas,
guerras, paces, vivos, muertos.
Y la rueda gira y gira
con el hombre, con el viento.

El de arriba vuelve abajo,
el de abajo está subiendo.

Gira y gira y gira y gira...
El de arriba vuelve arriba,
va el de abajo descendiendo.
Gira y gira y gira y gira
con el hombre, con el viento.

Está girando, girando
la redondez del planeta.

Todo fin se hace principio
y es curva la línea recta.

Los hombres, ¿a dónde van
con sus paces, con sus guerras?

¿Dónde empieza la verdad?
¿Dónde la mentira empieza?

Están girando, girando
el hombre, la rueda,
lo que se va,
lo que se queda.

Está girando, girando
la rueda de la ciudad,
lo que se queda,
lo que se va.

Están girando, girando
otoños y primaveras,
lo que se va,
lo que se queda.

Están girando, girando
la muerte y la vida igual,

lo que se queda,
lo que se va.

Y todo se confunde en el gran giro
de este planeta de esperanza y miedo
donde el alba despliega
su inaugural magnolio sensitivo
y la noche recoge
maternalmente oscura
todo el dolor de los adioses últimos.

Un turbión de zapatos y colores,
de serpentinas de fugaz materia
trenza su carnaval por las aceras,
demencial arco iris de la vida y la muerte,
que gira y gira y gira sempiterno
hasta encontrar el estupor del blanco,
la candidez del hueso sorprendido,
la desnudez total de la mentira,
la redonda sazón de lo perfecto
y la igualdad monótona en el tiempo
de todo aquello que nació distinto
para hallar la perenne corola igualitaria de la muerte.

Todo es igual,
igual,
igual,
lo que vuelve
y lo que va.

La rueda va hacia adelante,
la rueda vuelve hacia atrás,
pero una sola es la rueda
y uno solo su rodar.

Todo es siempre diferente,
pero igual,
igual,
igual
el pasado y el presente
y el mañana que vendrá.

Igual,
igual,
igual,
canta la rueda en la noria
su monótono cantar.

Igual,
igual,
igual,
igual,
que el minuto no es minuto
sumido en la eternidad,
y mil hombres diferentes
son el hombre y nada más.

La rueda va hacia adelante,
la rueda vuelve hacia atrás,
pero una sola es la rueda
y uno solo es su rodar.

Segunda parte

He aquí la voltaria inclemencia de la máquina,
la gran zarpa del hierro duradero,
los fríos engranajes giradores,
la fiel constelación de las ruedas dentarias,
los fúlgidos destellos
que brotan estelares del acero,
de níqueles obsesos
que un instante persisten,
que oscilan, que se evaden,
que retornan esclavos
como el ojo del tigre
en el azul silencio,
en el plumaje de la noche adusta.

He aquí la meteórica correa,
su cometa de cuero interminable,
su fuga rotadora,
su eterna cabellera nebulosa.

Aquí gira perenne un universo
de planetaria indiferencia oscura,
de helada y persistente geometría,
y van las manos arrancando al tiempo
su función germinal y creadora.

Pero todo es lo mismo,
una eterna cadena que pasa y pasa y pasa
con su llanto fluvial de sudor y metales,
de brazos y de émbolos,
de púas persistentes y minutos,
de helado mineral y de cansancio.

Todo una pieza igual,
una sisífica rotación de anhelo y de fracaso.
La diosa Tecnos nieva sobre el mundo
su aterida materia,

sus gélidos nirvanas,
su níquel implacable,
sus llantos arteriales de mármoles y viento,
su Olimpo de ceniza y de desprecio.

Porque este paraíso que edifica
inaugurales torres de esperanza
hunde raíces de pavor y sombra
en la asediada libertad del hombre.

Pero miradle creador, glorioso,
surgente dios azul entre metales,
genesiaco señor de un universo.

Mirad los orbitarios rodamientos,
sus tímidas estrellas sucesivas,
sus gélidas estelas minerales,
que irrumpen en la noche densísima del hierro,
el mítico huracán de las correas,
terriblemente insomnes en la sombra,
euménides perpetuas del desvelo.

Pero todo sería una ausencia virgínea,
un glacial laberinto de la muerte
si cesase la máquina, si el hombre
le volviese la espalda y retornase
al edénico albor de la materia.

Mas ya no puede hacerlo, que sumida
está su libertad entre las ruedas
que en la mañana inaugural del mundo
él mismo fabricó del claro tronco
sometido a su sílex implacable,
despojado del cántico glorioso,
del alto borbotón de su alegría.

Que no pare la rueda
—sigue, sigue, sigue...—,

dale tu vida, tu ilusión,
prosigue,
que no cese la rueda giradora,
su metálica furia creadora
—sigue, sigue, sigue...—,
mira a la diosa Tecnos redentora
en su cielo de acero,
salvadora,
que todo ocio destruye,
lo persigue
—sigue, sigue, sigue...—
Tú eres el hombre,
el héroe que construye
la vida que prosigue.
Sigue, sigue, sigue, sigue...

Oh sí, pero allá fuera,
salvada de la máquina impasible,
en la tajante impavidez del muro,
extiende el Sol la libertad dorada,
y en el tímido anhelo del verdor de los prados
abre sus alas de intocada aurora
el silencio florido donde el pájaro canta.

Oh sí, los condenados de este lado del muro,
tristes vulcanos de fragor y sombra,
en el helado mineral nocturno
abren la rosa volcánica del fuego,
la roja floración de los metales,
la triste primavera que inventaron los hombres.

Oh sí, pero allá fuera
la alta cumbre desata la helada cabellera del invierno
y escapan los caudales purísimos del cántico,
las fluviales arterias de la vida,
la derramada libertad del gozo.

Oh sí, los condenados de este lado del muro
desatan los caudales del sudor sigiloso,

abren las lentas flores del húmedo cansancio,
los perezosos mapas fluviales del hastío.

Oh sí, pero allá fuera
se extiende el reino azul de lo infinito,
y el iris se hace gozo en el plumaje
que florece sonoro, que se evade,
que esparce sus jardines absolutos.

Oh sí, los condenados de este lado del muro
arrancan al acero sus alas fulgurantes,
sus jardines voltaicos a la noche del cobre,
y en sus alas babélicas de triunfal infinito
sienten el viejo llanto del monótono esclavo,
el peso de la helada soledad milenaria
que gravita en las piedras tristísimas de Egipto.

Pero de pronto un ansia,
una ascendente sacudida oscura
de la abismal tristeza de ser hombre
asciende desde el fondo nocturno de la sangre
y expande su gran ola,
el borbotón de lo gozoso y libre,
los altos palmerales de los sueños,
las fúlgidas auroras de las alas.

Atrás quedan las ruedas,
sus indómitos ojos de lívida insistencia,
recónditos y hundidos en la sombra,
en el casto silencio del domingo,
acechando inclementes el retorno.

Atrás las oficinas
con gélidos cristales,
con su aterido archivo,
con la tundra irredenta
del papel implacable.

Atrás los azadones,
que incansables, eternos
buscan siempre en la tierra
la raíz del asombro,
la edénica materia,
el germen de la vida y de la muerte.

Y así la libertad abre sus cauces,
las rosas sensuales del silencio,
su pausado abandono, su esperanza,
las tibias alamedas de los sueños,
sus lentas avenidas maternales,
los claustros virginales del anhelo,
las glaucas soledades de sus campos,
sus carreteras del amor y el viento.
Entra en la clara patria de los bares,
anida en las botellas, refulgiendo,
lanza de mano en mano sus estrellas,
sus cometas de fúlgido silencio,
la floración astral de la alegría,
la alta hermosura turgencial del sueño.
Entra en los cines cavernarios, rasga
los lirios de la sombra. Entre sus pétalos
hunde un cuchillo de esperanza y luna,
y en el abismo nocturnal del miedo
abre la alondra de la luz gozosa
la alta azucena matinal del vuelo.

Pero el reloj desnuda golpe a golpe
las altas atalayas del anhelo,
cela sus evasivas avenidas,
ciega los ventanales de los sueños,
y va el hombre encontrando hora tras hora
su profundo vacío, su secreto,
porque el tiempo desnuda copa a copa
el triste carnaval del pensamiento.

Mas hay que insistir, mentirse
—¡ciegos!, ¡ciegos!, ¡ciegos!, ¡ciegos!—,
levantar torres de espuma,
altas babeles de fuego,
lanzarse en la rueda loca,
gozosa y libre del viento,
entre máscaras y risas
—¡ciegos!, ¡ciegos!, ¡ciegos!, ¡ciegos!—,
acercar las frescas copas
al rojo labio sediento,
decir palabras, palabras
como alas, como sueños,
como escudos, como espadas
—¡ciegos!, ¡ciegos!, ¡ciegos!, ¡ciegos!—

Y la rueda rueda y rueda,
ruge y ruge y ruge y ruge,
todo marcha y nada queda,
todo escapa con su empuje.

Y la rueda rueda y rueda,
y la rueda cruje y cruje,
nada marcha y todo queda,
todo vuelve con su empuje.

Y la rueda rueda y rueda,
y la rueda ruge y ruge...

Y un día tras otro el mundo
persiste igual, sin cansancio,
repitiéndose impasible,
pero siempre comenzando.
Va cambiando de actores,
pero no se advierte el cambio.
Las máscaras son las mismas,
iguales los escenarios.
Iguales todos los hombres

que van pasando, pasando,
iguales cuando nacemos,
iguales cuando acabamos,
igual el que vive rico
que el que vive por sus manos[1].
Todos aquí sueñan libres,
todos aquí son esclavos.
A veces pasan riendo,
a veces pasan llorando,
pero son un solo hombre
con una risa y un llanto.

Pero no, no es posible.
Fijad bien la mirada.
No es el mismo el que impulsa
la rueda genesiaca,
creadora de un nuevo paraíso,
madre de la esperanza,
que el caballero pálido y silente,
de cansada elegancia,
que con papeles rige
la oscura, infatigable maquinaria,
los ríos arteriales del acero,
los lívidos caminos de la plata.
¡Pero sí, son un hombre
con la misma esperanza!

Mirad al gran señor. Deja su mesa,
donde el cansancio posa sus pausados otoños,
donde pliega afligido sus alas y sus pétalos,
donde extiende el olvido su insensible sabana.

---

[1] La evocación directa de las «Coplas... a la muerte del Maestre de Santiago, Don Rodrigo Manrique, su padre», de Jorge Manrique, se impone en este pasaje, con citas implícitas de los vv. 31-36 y 55-56. Pero antes parece remitir a Antonio Machado, y la idea de la repetición y la rueda, imitada en el ritmo y el léxico, a León Felipe.

Y lo mismo los otros,
los que inventan los rojos soles de las calderas,
los que impulsan frenéticos rosales,
claveleras de fuego,
auroras boreales arrancadas
a la obstinada noche del carbón y el acero.

Todo lo iguala y vence la rueda del cansancio,
el peso dolorido del cansancio,
el engranaje oscuro del cansancio,
la rueda milenaria de ser hombre.

Porque la rueda no para
y todo lo va igualando,
y en su giro da lo mismo
lo de arriba y lo de abajo.

* * *

Ahora espera la gran dama
al pálido caballero.
Ante el tocador libera
los anchos ríos del sueño,
los caudales de la seda
y las cumbres del anhelo.
Van los ramos de la vida
por su sangre floreciendo.

Frívola, hermosa se entrega
al gozo fugaz del tiempo,
que ya vendrán los otoños
y los pálidos inviernos,
e irán cayendo los ramos
en un helado silencio.
Pero ahora espera la fiesta,
y altiva, elegante Venus
va naciendo de las aguas
insensibles del espejo.

Y cuando llegue el amado,
fatigado caballero,
los dos soñando, soñando
por los caminos inciertos
—rueda que rueda en el coche,
rueda que rueda en el sueño—
marcharán a la Gran Fiesta
con la risa, con el viento...

Y mientras que van las luces
del día languideciendo,
mustiándose lentamente
en las terrazas del viento,
otras manos femeninas,
sensitivas, van poniendo
tristes ramos de cansancio
en el pálido silencio,
y la aguja que va y viene,
girando siempre, insistiendo,
va dibujando en la pana
su melancólico reino.

Mas de pronto la alegría
torna a la patria del pecho,
enarbola sus banderas,
lanza su alondra en el viento
cuando la puerta girando,
hendiendo lenta el silencio
entrega la clara aurora,
tibia y rosada del beso.

Ya juntos los dos esposos,
sin Gran Fiesta, en el silencio
de su oculta intimidad
van deshojando los sueños,
van sintiendo la caricia
atardecida del tiempo
que alacia sus lentas luces,
que aflige sus ramos tiernos,

que se mustia mansamente
en la mudez del espejo.

Muy lejos, en los salones
de la Gran Fiesta está abriendo
sus musicales anillos,
sus flores de seda y viento,
entre nevadas columnas,
entre zapatos violentos,
la danza, sierpe que gime
contra inclementes espejos.

A la otra orilla del gozo
—¡ay, riberas del deseo!—,
con la Gran Fiesta ahora sueñan
los otros dos, en silencio;
quisieran entre las sedas,
las copas, los terciopelos,
danzar en la alegre rueda
de la música y el viento,
pero están solos consigo,
solos con sus pensamientos,
en la ribera amarilla,
dolorida del deseo,
solos en las alamedas
pensativas de los sueños...

Mas su compasión de nieve,
de helado vidrio y acero,
derrama incólume y casta
la fecunda diosa Tecnos,
y van los televisores
en la adusta noche abriendo
sus nevadas floraciones,
sus anchos mayos del sueño,
sus paradisiacos campos
con sus manzanos eternos...

Y así la Gran Fiesta entra
en la casa del deseo,
rompe el muro de la envidia,
la terca cerca del huerto,
y en las pequeñas pantallas,
sierpe de gozo y de fuego,
gira y gira enloquecida,
gira y gira enloqueciendo,
rueda que rueda y que rueda
con la vida, con el viento.

Es todo ya una gran danza
de armoniosos tentáculos lascivos
que giran, que se enroscan,
que se arrastran insomnes,
que ofrecen sus anillos de ilusionado gozo.

Es una espesa música
que invade procelosa la soledad recóndita,
los abismos del hombre, su vacío,
y los llena de su denso clamor,
de los caudales de su oscura materia,
poderoso gran río que pasa y se desborda,
que todo lo sumerge en la sombra profunda.

Es un agua letal que va arrastrando,
hundiendo, volteando, golpeando
los troncos, las raíces, los ramajes del mundo
que antes levantaban sus glorias aurorales,
o que escapaban puros hacia el aire dormido.

Porque a todos atrae esta densa gran música del mundo,
porque a todos convoca en su honda avenida,
en el cántico insomne que eterno la corona,
sierpe perpetua de un fugaz paraíso.

Que así es el hombre, ¡oh, Dios!, y terco insiste
como martillo en yunque, o lanzadera
que trama su materia duradera,
ajena a la gozosa que le diste.

Y así está el hombre en pie, mortal y triste,
obra ya de sí mismo, fiel quimera,
inventor de una eterna primavera,
de una amarga manzana que persiste.

Y el viento sigue y sigue y sopla fuerte
en la rueda del mundo giradora,
donde la vida su inclemencia advierte.

Y el hombre, llanto a llanto, hora tras hora,
en las ruedas dentadas de la muerte,
todo su anhelo y su esperanza llora.

Nota final

La rueda y el viento continúa en cierto modo y como eslabón o episodio independiente ese drama, o quizá farsa, de la vida humana que inicié con mi libro *La máscara y los dientes.* Como aquél, este poema unitario es lo que yo neológicamente denomino un lirodrama, ya que se trata de una fusión de la lírica con la acción de unos personajes, sin invadir de ninguna manera no digo ya los territorios de la obra estrictamente dramática, sino incluso tampoco los de la narración dialogada o los del poema narrativo. En los lirodramas tan sólo cabe el tratamiento lírico de la acción, como ocurre, por ejemplo, en las versiones últimas y más depuradas, más lirificadas, diría yo, de nuestros bellísimos romances viejos llamados líricos, como son el de *El prisionero* o el de *El conde Arnaldos,* pongamos como ejemplo. Es lo mismo que ocurre también en las fábulas mitológicas de nuestro siglo barroco, señoreadas por el *Polifemo* de Góngora o la *Fábula del Genil* de Espinosa, o más tarde, en nuestro Romanticismo, en el genial y disparatado poema de Espronceda *El diablo mundo.* En todos estos poemas tratados líricamente, el «yo» del poeta queda, aunque no totalmente, claro está, y mucho menos en el de Espronceda, al margen del motivo lineal del asunto, pero su voz permanece siempre en una evidente tensión lírica, que en el caso de los lirodramas encierra a la vez una preocupación por el comportamiento sociomoral de los hombres, o mejor, por la implacable dictadura de la condición humana. Quizá la única diferencia del lirodrama con los poemas lírico-narrativos que hemos citado es que en el primero no se cuenta nunca nada. Sólo se expone.

Prado de serpientes[1]
(1982)

[1] Esta obra, como se ha indicado, no fue publicada de forma independiente, sino dentro del volumen: *Obra poética* (1982). Allí figura con la siguiente indicación: (1969-1981)/INÉDITO. No hay cambios significativos en los poemas, excepto algunas erratas advertidas, que se enmiendan.

¡Oh vida de congojas llena, de miserias acompañada! ¡Oh mundo, mundo!... Yo pensaba en mi más tierna edad que eras y eran tus hechos regidos por alguna orden; agora, visto el pro y la contra de tus bienandanzas, me pareces un laberinto de errores, un desierto espantable, una morada de fieras, juego de hombres que andan en corro, laguna llena de cieno, región llena de espinas, monte alto, campo pedregoso, prado lleno de serpientes, huerto florido y sin fruto, fuente de cuidados, río de lágrimas, mar de miserias, trabajo sin provecho, dulce ponzoña, vana esperanza, falsa alegría, verdadero dolor.

«Planto de Pleberio», *La Celestina*
FERNANDO DE ROJAS[1]

---

[1] Como es bien sabido, figura en el Auto XXI de la *Tragicomedia de Calisto y Melibea* (véase ed. de Dorothy S. Severine: *La Celestina,* Madrid, Cátedra, 1987, pág. 338, con la referencia al pasaje inspirador de Petrarca).

ADOLESCENCIA[1]

Allí donde la niebla emerge desde el río
y puebla la afligida soledad del invierno,
allí qué hermoso era,
en la orfandad silente de mi calle,
ir viendo poco a poco
la perezosa desnudez del alba,
ir viendo poco a poco
sus pétalos mojados
que abrían temerosos en el aire
su pálida esperanza
entre las altas torres teologales
de mi vieja ciudad.

Y era de pronto la mañana
igual que una muchacha desnuda en los balcones,
y empezaba la vida a poblarme los ojos.

[1] En la ed. de OP (1982) antecede a los poemas una indicación de división de partes. Aquí: 1.

GATO NEGRO
EN EL PASEO DE LAS DELICIAS

Es hermoso este gato de color de paraguas
mojado por la lluvia.
Miro su desamparo en medio de la calle,
miro la indiferencia de la gente,
miro su islita negra de terror y de asombro.

Podría tocar la noche y su silencio
si acercase mi mano a su congoja,
sentir entre mis dedos la esperanza de alguien
o quizás a Dios mismo
clamando en este gato,
en este miedo oscuro,
en este gran olvido de los hombres.

LUNA

Cuando ya no te cantan,
nevero del silencio,
delicada pradera de la ausencia,
amiga sensitiva de mis viejos románticos,
alzo mi soledad hasta la tuya,
penetro en los jardines que derramas,
me emborracho de luz entre tus pétalos
y confundo tu piedra imperturbable,
su lívida distancia
con la más tierna entrega de la melancolía.
Yo no quiero creer que eres terrible,
pálida indiferencia,
impávido desierto,
nevada dictadura de la muerte.

MUJER DESNUDA

Hermoso cuerpo de mujer desnuda,
territorio frutal,
país de las calandrias aurorales,
tierno fluir del alba sobre un agua dormida.

El día está naciendo de tu nácar temprano,
de las cálidas rosas que emergen de tu sangre,
el día está naciendo del cerezal cautivo de tu boca.

Sobre tus pechos brota la luz de los neveros,
y por tus brazos llega fluvial y perezosa la mañana,
mientras cantan las aves
por la clara alameda de tu pelo.

MADRE

Yo no sé por qué ocurre
que a veces echo a andar por la tristeza,
irremediablemente suelto
de aquella tibia mano que era toda mi patria,
y ando y ando y ando en el exilio
—oh niño retornado, cobijo de la angustia,
país del desamparo,
pequeño centinela de la muerte.
Y ando y ando y ando,
pero nunca te encuentro,
perdido ya en tu ausencia,
exiliado en la sombra,
oh madre, madre, madre,
patria absoluta de tu niño perdido.

TENGO PADRES OSCUROS

Tengo padres oscuros. Ya casi nadie los recuerda.
Van cayendo sus nombres, sus besos, sus memorias
como cansadas hojas del otoño.
Van entrando en su noche de cauda interminable,
cayendo en el invierno del invierno.
No les quedan escudos, ni blasones, ni estatuas,
ni días, ni palabras, ni amores, ni esperanzas...
Tan sólo la nevada pobreza de sus huesos.

RECUERDO DE YAYA LA MODISTA

Hoy te recuerdo, mi lejana Yaya, de enlutado silencio,
pequeña y tenaz noche de afligidas estrellas,
tierno recinto oscuro,
refugio diminuto de la desesperanza.

Recuerdo entre tus manos,
tristes como una aurora velada por la lluvia,
todo el color fluyente de la seda gozosa,
todo el claror hermoso de su abril fugitivo.

Y recuerdo el doliente cansancio de tu aguja
seguida por la estela perezosa del hilo,
lento cometa triste por tu cielo nocturno,
cruzando la espaciosa soledad de la tela.

LAS COSAS

Entro en la soledad y en el silencio
de las pequeñas cosas que me asisten
con sus íntimos reinos
de ofrendado reposo,
de tenaz y olvidada mansedumbre,
donde la luz moldea pensativa
la aurora perezosa de los nombres.

Todo es presencia pura,
íntima invitación
tras la exacta frontera
que traza la materia a cada cosa.
Todo es amor que emerge,
archipiélago denso que se ofrece,
súbita floración de la esperanza.

Yo me entrego a las cosas,
me afilio a sus ofrendas temporales,
recorro sus países
para saber que por su amparo existo.

AHORA QUE EL OTOÑO ME UNCE A SU TRISTEZA

Ahora que el otoño me unce a su tristeza,
ahora que imperturbable me arrastra a sus carriles
y empuja como un río de implacables espadas,
ahora que me sumerge en su mapa de niebla
y va borrando terco los nombres y las cosas
en las que yo cantaba,
por las que yo esperaba,
por las que yo vivía,
ahora que en mi cuerpo golpean los adioses
como pájaros muertos caídos desde el aire,
como largos pañuelos de oscuros emigrantes,
ahora entro y me busco en el recuerdo,
mientras llueve en el parque,
y no me encuentro,
perdido en la memoria,
niño solo
buscando una esperanza.

GERANIOS

Paso por estas calles de sombras temerosas,
de afligidas farolas que en los muros oscuros mojados por la
[lluvia
derraman su dorada cabellera de llanto,
su cándida belleza nimbada por la noche,
caída en las aceras de enlutado silencio.

Piso en piedras oscuras,
donde todo es ausencia,
el mapa endurecido del invierno,
camino en la callada tristeza de la niebla
y miro en los balcones de obstinada madera,
de terca soledad, de duras cales
unos mustios geranios
que insisten en la espera silenciosa del alba.

FLORACIÓN

Los sépalos ayer aún apretaban
con delicado puño verde
la incipiente promesa,
la encarcelada aurora de la rosa.
Pero de pronto —¡qué fulgor en el aire!—
el cerco del invierno abatió sus murallas,
quebró sus torres de tesón y sombra
y culminó perfecta la esperanza.

OSCURO DESAMPARO[1]

Qué tiernamente heridos marchamos por el tiempo,
golpeados por sueños que nunca se cumplieron
o que, al fin, se cumplieron para hacerse recuerdo,
nebulosa región de la melancolía.

Qué leve y largamente
vamos cayendo puros, solitarios, sombríos
como las tristes hojas del otoño
en los brazos de niebla que nos tiende el olvido.

Oh qué orfandad tan terca,
qué oscuro desamparo
este irse alejando beso a beso,
palabra tras palabra,
sueño a sueño,
de la hora exacta en que vivir es cántico,
desplegada hermosura,
horizonte naciente de unos labios,
de un nombre,
de una piel sensitiva que llega como un alba hasta la sangre.

---

[1] La ed. de OP (1982) señala el comienzo de una nueva sección: 2.

ATARDECER EN EL PARQUE

Hoy que la tarde es íntima y lluviosa
y tiernamente gris
—niña de niebla y miedo entre la sombra—,
hoy que el tiempo no aguza sus minutos,
sus feroces jaurías de gélidos relojes,
hoy que me siento libre porque todo lo olvido,
he querido soñar entre la lluvia,
entre su bosque de frescor sonoro,
entre las cuerdas de su loca guitarra,
pero, oh mi fiel tristeza, terca amante,
nadie puede soñar si no tiene esperanza.

LA MEMORIA

A veces la memoria
penetra en la absoluta pesadumbre del tiempo,
deshoja sus estratos de impávida dureza,
sus tercos pizarrales y sus noches,
y llega a los más tiernos países del recuerdo.

Entonces, si te dejas llevar por el silencio
y remontas los mapas de fugaces adioses
en busca de tu reino,
vuelves a ser el rey que retornó a su trono
en medio de una patria de ceniza.

ALAMEDA

Centinela del tiempo,
alameda que guardas aún mi asombro de niño,
qué pura tu madera
asciende en el otoño,
puja en la soledad,
alza serena su esplendor rumoroso.

Penetro en tu frescor,
entro en tu reino de aromática entrega,
regreso a la desnuda turgencia de tu aire.

El tiempo permanece intangible en tus ramas,
pero yo ahora te entrego tan sólo mi nostalgia.

RECUERDO

A veces vago solo por mis sueños,
recorro venturoso sus jardines,
sus sosegadas, húmedas auroras
y abro los ventanales de una larga esperanza.

Y desde allí contemplo la realidad exacta,
su tenaz geometría,
la aristada materia de la vida,
su fúlgido diamante tallado por el frío.

Vuelvo a cerrar mis ojos para el sueño
y me hundo en lo oscuro,
en su fiel territorio,
en su país profundo,
y árbol puro, yo extiendo mis cansadas raíces
en la sombra más tierna,
en el frágil amparo del recuerdo.

EL PATIO

Por el amargo amor de la memoria
regreso peregrino
al tiempo aquel en que perpetuos pájaros
de cántico y relámpago
enredaban su gozo
como un pequeño vendaval cautivo
sobre el claro celindo de mi patio.
Allí alzaban sus lanzas de frescor vigilante
las tiernas aspidistras
como altivos guerreros
defendiendo mi casa
contra el metal helado del invierno,
y las rojas macetas ofrendaban
constelaciones de pequeños pétalos
donde cabía exacta la belleza del mundo.
Trepaba sobre cales y esperanzas
la yedra fugitiva,
y todo era el milagro
de las humildes manos de mi madre.

ÚLTIMA LUZ

Amo este sol tiernamente dorado
que extiende su silencio,
su íntima caricia,
su claro mapa de esperanza y vida,
su invitatorio cuerpo de mujer entregada.

Amo su luz cercándome insistente,
sus perezosos brazos de muchacha en el alba,
sus lentas rosaledas
resbalando sedosas por la piel del otoño.

Pero qué poco a poco,
como una nave que en el mar se aleja,
desliza sus adioses,
abandona su reino,
sus frutales regiones,
y entrega su hermosura a la noche implacable.

VENTANA

Lo estuve viendo anoche:
era el muro de enfrente, absoluto y adusto,
rígido y vertical como toda inclemencia,
enlutada materia
de terca soledad,
de mineral silencio.
Cada ladrillo oculto
edificaba exacta una frontera
de implacable desprecio,
de tenaz desamparo para toda esperanza.
Pero de pronto alguien
que surgió de lo oscuro
como una estrella que nació en invierno,
como un claror de agua,
como una aurora fresca de calandrias,
levantó una persiana,
un trueno presuroso de asustadas maderas,
y retornó la vida en el silencio.

PRESENCIA

Homenaje a Vicente Aleixandre

Sobre la mesa habitan frágiles criaturas,
diminutos refugios,
íntimas patrias del ayer efímero.
Son la crónica terca,
las alas sensitivas de la tenaz memoria.
La luz las resucita en la mañana,
enciende en sus aristas y en sus planos
doradas floraciones de la melancolía:
aquí estuvo una mano, una ilusión,
una mirada que cayó en la sombra.
Pero ellas aún fulguran en el presente puro
que el tiempo infatigable no destruye.

PALABRAS

Yo fui quedando en mis palabras,
en su temblor incierto,
en su silábico latido,
en su perpetuo congregarse en sueños,
en sus cansadas caravanas perdidas.
Yo surgí de sus pétalos caídos,
de sus alas efímeras,
fugaces en el aire.

Yo edifiqué mi vida en otras vidas,
penetré en la memoria y en el tiempo
palabra tras palabra,
ceniza tras ceniza,
aire tan sólo que al aire pertenece.
Yo edifiqué mi vida en el olvido.

Entre tantos adioses (1993)

Cuanto piace al mondo è breve sogno.

FRANCESCO PETRARCA[1]

---

[1] La cita de Petrarca está tomada del verso final del primer soneto de su *Cancionero: Voi ch'ascoltate in rime sparse il suono / di quei sospiri ond'io nudriva il core...* (Franceso Petrarca, *Cancionero,* I, edición bilingüe de Jacobo Cortines, Madrid, Cátedra, 1984, pág. 130).

En esta edición Rafael Morales mantiene el número, orden y distribución general del libro y de los poemas dentro de él, según la primera edición (1993).

El poema

Rafael Morales en Plencia (Vizcaya), su lugar de verano, en 1998.

EL POEMA

He aquí que voy escribiendo
huellas de un caminante
hacia el olvido,
palabras que se quedan
yertas sobre el papel.
Sólo un silencio azul
tras el leve rumor de la escritura,
aventura florida,
muerta al tocar la luz.

Voy dejando mi vida
sobre el breve refugio
del papel sorprendido,
sola en la soledad
de los renglones,
muerta en un mapa
de heladas cicatrices.

Lector,
hermano mío,
necesito tus ojos
y tu voz
y tu sangre
para vivir de nuevo
tras la pequeña muerte
que habita en mi poema.

Aurora tenaz

SOLEDAD

La soledad
es una larga calle de diciembre,
es pronunciar tu nombre
cuando tú no me oyes,
la noche en las estancias
que abandonas,
el mundo desolado
cuando cierras los ojos
y me quedo sin patria.

NUEVO NACER

Gozoso es existir
en tu palabra
cuando dices mi nombre
y llegar a la luz
desde tu sangre.
Tres sílabas tan sólo,
tres latidos
que ascienden
desde el hondo silencio
en donde vivo.
Ser mi yo que tú tienes
únicamente tuyo,
creado por ti misma,
naciendo del amor
en tu palabra.

TÚ

El sol te cerca toda
con anillos de oro
y tu cuerpo triunfa
en la luz como un fruto
cuando cantas en casa
en medio del invierno
o llegas de la calle
que se ensancha a tu paso
y abres las puertas grises
tras las que siempre espero
que llegue la mañana
con tu nombre.

INVICTA

Cuando caigo en profundos
bodegones de sombra,
huésped de los adioses
y las desolaciones,
llegas tú siempre invicta,
porque en tu voz madrugan
todos los manantiales,
porque tú eres un patio
en donde canta el agua.

ATARDECER

Mientras miro tus ojos
y me miras,
las implacables sombras
acosan lentamente
a la tarde desnuda,
la cubren de orfandades
y de miedos,
de crueles patrimonios de la noche.

Mientras miro tus ojos
y me miras,
el invierno trabaja sus metales,
labora entre pretéritos
y ocasos
y se puebla de adioses
la luz atardecida
en el verdor mielado de tus ojos.

ANHELO

Siempre que tú te marchas
se acaba la mañana
y me anida en la sangre
la sombra densa y fría
que dan las catedrales,
mientras me cercan torvos
pizarrales adustos
que la noche congrega.

Vuelve con tus mañanas
y el rocío,
con tu desnuda luz
y tus ventanas,
que por tu piel despierten
todos los cerezales,
todas las avenidas
que van a la esperanza.

NOMBRE

La realidad le puso
frontera a la materia,
recluyó en el volumen
el terco mineral,
liberó la olorosa
ventura de los bosques,
fijó la perfección
exacta de las cosas
y las sílabas justas
para hacer bello el mundo
cuando digo tu nombre.

ALBA NOCTURNA

Tan clara era la noche,
tan plenamente aurora de la luna,
tan tierno amanecer
terco de estrellas,
que no sabía si llamarla Concha.

Qué lejos ya la hora
que una mañana pura
alzó sus naranjales,
los tempranos celindos
de tu cálida nieve
y abrió lenta la tierna
corola de tus labios.

Pero en la noche llegas
aurora siempre
de mi sangre tuya,
pero en la noche llegas
con tus frescos jardines
y amaneces continua
abriendo en la tristeza
que la sombra construye
los pétalos más claros
que tiene la alegría.

Patrimonio de los ojos

PLENITUD

Como si el pasado
jamás hubiera sido
y como si el futuro
no hubiera de llegar,
lo perfecto culmina
sólo en la clara cima
del presente,
porque tan sólo en él
la realidad existe
y es cierto el patrimonio
de los ojos.

LUZ

La luz.
Lenta la luz,
lentísima llegando,
revelación inaugural del gozo,
floración perezosa
del aire y sus jardines,
invención matinal
de la esperanza,
destierro de la sombra
y sus olvidos,
ya exacta plenitud,
trono de la mirada venturosa.

MAR NOCTURNO

Altas ondulaciones sucesivas,
furiosas claridades.
Insiste el mar.
Fosfóricos leopardos
comban su poderoso
terciopelo sombrío
bajo el marfil hiriente de la luna.
Insiste el mar.
Insisten las estrellas
que de su noche ascienden
y estallan clamorosas
en las fúlgidas iras
que las olas levantan.

OTOÑO

Llega el otoño
con lluviosas alas,
con sus desolaciones
amarillas.
En las clamantes ramas
refugia soledades,
alza tristes rumores,
brazos deshabitados,
costillares del frío,
y todo es desamparo
en los jardines.

TORMENTA

Llueve en la noche adusta.
La tormenta libera
sus potros y tambores
contra el muro aterido,
contra el terco cristal
de mi ventana,
donde ampara la sombra
sus densas soledades,
donde el agua refugia
fugaces laberintos,
raudos mapas insomnes,
cerezales coléricos
que usurpan a la noche
la ira del relámpago.

AROMA

Olía todo el prado
al verdor insumiso
de la hierba humillada
por el paso del hombre.
El aroma entregaba
su desnuda inocencia
en el silencio frío
de la luz de noviembre.

La tarde fue olvidando
su nítida hermosura
hasta que tristemente
se acobardó de sombra
y todo fue en la noche
desprecio de los ojos,
triunfo del aroma.

NIEVE

La nieve
poco a poco,
copo a copo
llenando va de soledad el tiempo,
ocultando pausada
las ofrendas del campo.
En cada instante blanco
la nieve precipita
los olvidos,
tiende la paramera
de la ausencia,
inventa los andenes
de la melancolía.
Efímera es, sin duda,
la amada maravilla de las cosas[1].

[1] 1.ª ed.: *la tibia maravilla de las cosas.*

Raíces

PRIMERAS PALABRAS

No sé de qué palabras
fui naciendo,
creciendo,
pujando lentamente
desde el silencio oscuro
como un árbol nocturno
hacia la luz del día.

Las primeras llegaron
tan sencillas,
tan puras,
congregando en mi vida
las sílabas maternas,
su inocencia de pétalo y de agua,
su limpia madrugada sustantiva.

Por todos mis sentidos
vinieron a la sangre,
desplegaron materias y noticias,
fluyeron por mis sueños arteriales.

Y de pronto brotaron
para el pan,
para el agua,
para el padre y la madre,
y la inocencia oscura
se me llenó de luminosos nombres.

CIUDAD

Nimbada por la luz de amanecida,
la indecisa materia
aflora lentamente
del oscuro silencio,
retorna de la sombra negativa
al reino sorprendido de los ojos.

Todo es revelación
triunfal de la materia
en el aire desnudo
en que despliega el gozo
sus frutales espacios.

La ciudad silenciosa,
ya evadida del miedo,
se concreta en volúmenes dichosos
y, exacta ya en la luz,
tiende sus largas calles
como brazos de madre
al hijo que regresa.

Mas la luz no devuelve
la ciudad que en la sangre
edificó sus muros,
la intangible presencia
que insiste en la memoria.

RÍO

Por mi ciudad va un río
quieto en su instante exacto
en que yo lo recuerdo.

Por mi ciudad va un río
que espera siempre mi regreso,
fiel cuerpo frío de metal desnudo,
colérico clamor de los inviernos.

O acaso no es un río
y es mi sangre
poblada de alamedas
en las que canta insomne
mi memoria.

TALAVERA

Ciudad, mi amor, mi amante,
la de las claras plazas
de cales maternales y geranios,
la de alboradas verdes
en los altos balcones,
donde la ausencia muestra
calladas cicatrices,
donde retorna ahora
mi corazón insomne,
gimiendo en los alfares
entre tanta ceniza.

ESPERANZA

Abro los brazos
de mis versos
como esperando al hijo,
al padre,
como esperando a Concha
cuando sube persianas
en invierno
y dice aún soñolienta
«Buenos días».
Abro ojos,
balcones,
bulevares,
jardines
para esperar amigos
que llegan
de la noche.
¡Eh, mis buenas vecinas!,
tiendan batas florales
y camisas lluviosas
en la hilera de versos
que escribo
en las mañanas
mientras cantan los niños.
Yo quiero
que mi sangre
y que mis versos
sean la casa sencilla
a la que lleguen cartas
en que Joaquín me diga
que en Talavera el Prado
se llenó de rosales.

CASAS

Viejas casas del Pópulo,
la Portiña y el Carmen
con patios de esperanza,
con sus constelaciones de geranios,
con anchas galerías
para las bienvenidas,
con la madre esperando en los balcones
y con raudas palomas
que poblaban el aire
de agitada sorpresa
y de violentos nardos repentinos.

Patria de vecindades,
gozo territorial de los encuentros,
patrimonio fugaz de los abrazos,
retorno a vuestras cales,
a su materna y matinal materia
donde la luz inauguró los días
que el tiempo anocheció
con su desprecio.

Viejas casas perdidas de la infancia,
refugio mineral de la memoria,
retorna ahora a vosotras
mi sangre con antiguos celindos y jilgueros
y a los ojos nocturnos de mi madre,
donde Dios inventaba las estrellas.

Homenaje

FEDERICO[1]

Vivo fuego en la noche,
llamarada en lo oscuro,
catarata de risas
y frescos naranjales
en las blancas mañanas de tus dientes.
Federico de alondras
cantando en las auroras,
huracán de esperanzas,
¿quién construyó la muerte
en tu ventana?

[1] Naturalmente se refiere a García Lorca (1898-1936), a quien Morales conoció en Madrid.

MIGUEL, EL DE LA LUZ MÁS LIMPIA[1]

Yo no sé por qué tú, Miguel amigo,
tú que llegabas con la luz más limpia,
o que, quizá, fueras tú mismo el alba
vestida de ojos verdes,
de panas aurorales de hortelano,
has caído en la noche,
mordido de cuchillos,
arrebatado por el odio,
compañero profundo de la sombra.

Yo no sé por qué tú construyes el silencio,
edificas la muerte con tus huesos,
tú el albañil más claro
de las más altas torres
que alzaba la esperanza.

[1] El homenaje aquí es a Miguel Hernández (1910-1942), con quien le unió una amistad fraternal durante la Guerra Civil.

PABLO[1]

Ahora te sé perdido,
hundido para siempre
en un oscuro mapa de raíces,
peregrino en la noche
cerrada de la tierra,
piedra profunda
que arrojó la muerte.

Ahora te sé materia del silencio,
ahora te sé materia de la sombra,
dolor de los adioses más amargos,
patria de la ceniza,
concreción absoluta
de la orfandad más triste.

Pero llamo a tu puerta
de la casa de Argüelles,
penetro en las abiertas
estancias de tus brazos,
me asomo a tu balcón
y a tu sonrisa,
recorro galerías de tu sangre,
abro los memoriales de tus versos
y miro que amaneces nuevamente
en la eterna mañana de tu nombre.

---

[1] Pablo Neruda (1904-1973), otro de los amigos mayores de Rafael Morales, vivió en una casa de la calle Hilarión Eslava, junto a la calle de la Princesa, en el barrio madrileño de Argüelles, a la que en sus memorias llama la «Casa de las flores».

LLANTO POR CÉSAR VALLEJO[1]

El invierno de luto y de ceniza
te acosa en las esquinas,
te ladra tempestades
y granizo,
te persigue,
te aúlla vendavales,
te clava en la esperanza sus colmillos,
y huyes sin refugio
y huyes
y huyes por larguísimas calles
y por nieblas
donde sólo la noche te cobija,
y arrecia el aguacero
y es jueves,
jueves,
jueves,
un negrísimo jueves del invierno
y estás solo,
acosado,
olvidado por todos,
corriendo en desamparo hacia tu muerte.

[1] El poeta peruano César Vallejo (1892) murió el Viernes Santo, 15 de abril del año 1938, a las nueve y media.

GERARDOALBA[1]

A Gerardo Diego. In memoriam

El alba. Siempre el alba.
Las azucenas tienden camisas blancas
y saltan los cuchillos del agua.
Es una carta en blanco
la esperanza.
Canta, Gerardo, canta,
porque tu vida es larga, larga, larga
y la muerte no podrá acabarla.
Resucitarías en tu palabra.
¡Oh tú, Gerardoalba, siempre alba!

[1] El poeta Gerardo Diego (1896-1987) fue también amigo y contertulio de Morales y a él están dedicados poemas en las primeras ediciones. Algunos de sus versos vanguardistas se recuerdan y casi citan en este texto.

BLAS[1]

In memoriam

Blas,
como el hierro de Vizcaya,
por la paz.

¡Nadie te doblegará!

Blas,
como el roble, como el haya
frente al mar.

¡Nadie olvida tu cantar!

Aún nos queda tu palabra.
Nadie la podrá callar.

Blas,
como el roble, como el haya,
como el hierro,
por la paz.

¡Nadie te doblegará!

---

[1] Blas de Otero (1916-1979), poeta bilbaíno, amigo también de Rafael Morales y representante de la tendencia de «poesía social» a partir de 1955. Hay en este poema una recreación del léxico, de los ritmos y de los recursos métricos y de rima propios, sobre todo, de esa etapa social de Otero: *Pido la paz y la palabra* (1955), *En castellano* (1959) y *Que trata de España* (1964).

A VICENTE ALEIXANDRE[1]

Yo creía que el tiempo
dejaba siempre un rastro
de afligido silencio,
un terco y desolado desamparo,
una yerta sabana
de interminable soledad.
Conocía sus carros
rodando sigilosos por la noche,
despojando a los hombres
de todo lo que aman:
los besos,
las promesas,
los sueños,
la esperanza...
Creí que era un gran rey
coronado de muerte y de tristeza.
Pero miro en sus largas
carreteras de hastío,
en sus nocturnos mapas
de ceniza y de sombra
y siento alzarse el reino
de tu hermosa palabra,
pujar por claras torres,
cantar eternamente
donde puso la vida
sus auroras volcánicas.

---

[1] Vicente Aleixandre (1898-1984), premio Nobel, poeta de la Generación de 1927, fue una figura clave de la poesía de posguerra. Escribió un retrato del joven Rafael Morales y éste fue visitante asiduo de su casa de Velintonia. Varias veces, como se ha citado en la introducción, se ocupó Aleixandre de la poesía de Rafael Morales, para destacar su importancia histórica.

Patria de la ceniza

PÁJARO

A un jilguero que cantaba
en el patio de mi casa de niño

Cima de lo intangible,
absoluto en la gracia,
quedó libre del tiempo en la memoria.
Nunca en la muerte, nunca.
Vivo siempre en su patria de aire.
Sólo recuerdo el cántico
en su presente exacto.
Ni su luz ni su rama.
Tan sólo la armonía
sin materia. Tan sólo tú
—pájaro, gracia, instante perdurable—
cantando en la memoria.

MEMORIA

Ignorantes del tiempo,
sin saber que la vida
acumula pretéritos,
cicatrices, cenizas,
ámbitos sin materia,
patrimonios oscuros de la muerte,
jugábamos los niños
en la ciudad aquella
que duele en mi memoria.
Entonces el futuro
tampoco amenazaba
con sus negras pizarras
donde nada había escrito
y todo era presente,
puro gozo inmutable.
Tú lo sabes, amigo
que perdí con la infancia,
porque el recuerdo es triste
como casa sin nadie.

LO FUGAZ

Efímero es el gozo
del ojo y de la mano.
Ni el color
ni la forma
afianzan su reino.
De cada presunción
de la materia
sólo su adiós persiste.
Fugaz es la concreta
gracia de lo tangible.

TACTO

Hermoso es lo que tocan nuestras manos,
sentir bajo los dedos
el alba invitatoria del contacto,
el territorio inaugural de la materia,
el fugaz paraíso
de todo lo que el tiempo
condena a los adioses,
a la región remota del recuerdo
en la que nunca el tacto
alcanza su triunfo.

VIDA

Existen horas tristes
en que las esperanzas
se quedan sin balcones
y la ausencia refugia
olvido entre las cosas,
horas en que en los puertos
ya no se espera a nadie.

¿Por qué, por qué, Dios mío,
ser hombre es una larga
paciencia hacia la muerte
y nace hermoso el día
en que el verdugo llega
con la desesperanza?

TODAVÍA

Ahora que ya el futuro no ejerce sus promesas
y que abril llega sin lirios ni ventanas,
gimiendo entre abandonos y recuerdos,
ahora que ya tan sólo la memoria
arrebata al pasado la alegría,
ahora que terco y terco precipito
toda mi potestad en la derrota,
¿cómo puedo creer que todavía
existe para el triste la esperanza?

PRESENCIA

Cautivo
de la tinta,
recluyo
en el papel
el breve instante
de lo hermoso
—palabra,
cosa,
beso—
que el tiempo
me arrebata
de la luz,
del sonido,
del gozo matinal
de la materia,
y así la vida
insiste en el poema,
perdura
ya sin tiempo,
eterna ya
la realidad perdida,
su rauda monarquía,
su fugitivo
trono
de relámpago.

VIVIR

Nadie detuvo el tiempo
en su hermosura.
Efímero es vivir,
breve es el gozo
del presuroso instante,
breve la entrega
del día que derrama
su desnudez triunfal
en nuestros ojos.

EL ÁRBOL DE LA CLÍNICA

Todos sabéis
que yo amé siempre
las cosas más sencillas:
los zapatos heridos
por el tiempo,
el hilo maternal
de las camisas,
los oficios que el llanto
repartió entre la gente
y las solas botellas olvidadas
en los amargos mapas
de las desolaciones.
Pero amé más que a nada
al árbol de la clínica.
Él subió a mi ventana
su ebriedad rumorosa,
a mayo amaneciendo
entre sus ramas,
solo contra el desnudo
invierno de los níqueles.
Por eso le amé tanto
en la mañana aquella,
cuando elevó cantando
su áspera ternura,
el borbotón sonoro
de su misericordia.

EVOCACIÓN

En el silencio
de la noche esparce
la lenta lluvia
su glacial diadema,
deshoja su tristeza,
sus pálidas guitarras,
los minutos insomnes
de la melancolía.
Con lilial iracundia
lanza contra el cristal
de mi ventana
blandas estrellas
frías
que estallan fulgurantes
en el luto de madre
de la noche de marzo.

Empapada de lluvia,
abre sus cicatrices
la memoria,
sus floraciones
del ayer perdido
con nombres que se fueron
y aún pronuncia la sangre.

Recordando
en mi casa,
ahora escribo
en mi mesa,
donde un árbol humilla
su madera
y sus aves,
estos versos
que llegan
en invierno con lluvia.

INSTANTE

Una a una
las sílabas construyen sucesivas
la palabra en el aire indiferente,
edifican la vida
con sus alas fugaces,
sólo memoria pura
de un instante del hombre.

EXILIO

Nadie recuerda
su primer instante,
su dolor en la luz.
¿Por qué perder
la patria de la madre?

Oh qué sorpresa hiriente
irrumpir en el tiempo,
llegar al territorio
donde la muerte
finge una esperanza.

ADIÓS

Ahora ya,
cuando la tarde extiende
sus apagadas rosaledas últimas,
sus afligidos, íntimos jardines
y oscura y sigilosamente maternales
emergen melancólicos
los pétalos cansados de la noche,
comprendo que he perdido
todo lo incierto que llamé esperanza.

VIEJO EN EL PARQUE

Refugio melancólico
de ausencias y memorias,
el anciano dormita
en un banco del parque,
mientras el sol acosa
con pálida tristeza
el cansancio grisáceo
del invierno,
la larga cauda lenta
de su melancolía.
Pasan frente a sus ojos
muchachas que se alejan
cantando sobre el cuero
rugoso de diciembre.
Bajo la cresta roja
de la tarde que acaba,
la esperanza se aleja
con desprecio.

PATRIMONIO FUGAZ

Materia, fiel presencia
que la forma recluye
y que el color refugia
en sus regiones,
recinto en que el sonido
libera sus guitarras,
amo tu realidad
y a ti me entrego,
huésped fugaz
que aloja tu hermosura.

PRESENTE

No reedifico el tiempo
en la memoria
ni vivo en los anales
de la noche.
Terco de cicatrices
y de ausencias
escapo de desvanes
y naufragios
y en mi presente asumo
lo efímero del gozo
y su tristeza.

PALABRAS

Retorno a mis palabras de otras horas,
plazas de bienvenidas con palomas,
patrias inaugurales de mi sangre.

Me acogí a sus recintos,
me asomé a sus balcones,
madrugué entre sus pétalos sonoros.

Pero no siempre un nombre
significa lo mismo.

AGENDA

He perdido en la noche
entre tantos papeles
y entre tantos olvidos,
entre tantos adioses
y orfandades
aquella antigua agenda
a cuyo andén vacío
llegaba la esperanza
con nombres y con calles,
ciudades y teléfonos,
amigos y avenidas
que fueron el refugio
de mi sangre.

MEMORIAL

Cuando el ocaso aflige los balcones
y la desesperanza hospeda los inviernos,
regreso a los recintos
del pretérito oscuro,
a cerrados salones
donde ya nadie espera
y abro sus ventanales,
los claros memoriales venturosos.

Pero el recuerdo nunca
devuelve lo perdido,
el gozo en que la luz acogió mi aventura
con generosas manos maternales.

TRONO

Cuánta hermosura,
cuánta vida del hombre
desdeña la memoria
entregada a su lento
deshojarse en olvidos.

Salvemos el recuerdo venturoso.
No, yo no quiero
morirme en cada cosa
que el tiempo anocheció.

Pero el recuerdo es siempre
una crónica efímera
y la memoria el trono de la muerte.

TRANSFIGURACIÓN

Derribaron el árbol,
la inocencia del bosque,
la torre del aroma.
Cruenta la muerte
desplomó en la tierra
la altivez del ramaje,
la corona del cántico,
la alta columna
con su verde trueno.

Ávido el hombre
cayó sobre su presa,
llegó con funerarios camiones,
con órdenes,
con gritos,
con furibundo acero;
cargó la mercancía de su ira
y abandonó en el bosque,
en el silencio frío
la herida solitaria
de la muerte.

Con su pesada soledad
sin pájaros,
torpe materia sorda,
llegó el árbol gimiendo
como un monje sombrío
a la región furiosa
de los aserraderos.

Arrojado del cántico
forestal
y del viento,
hijo del bosque

en la ciudad perdido,
triturado
por odios y metales
cayó en la muerte
y la pobló de aroma.

Pero de pronto
le nacieron alas
y fue el papel
que penetró en mi casa
y en el que escribo ahora
este triste poema
a la hermosura verde
de su silvestre origen.

ÁGUILA

Cuando el triste cansancio del poniente
arría los colores triunfales de la tarde
y llena de dolientes memorias y de lutos
los olvidados parques del invierno,
un águila se aleja por el azul fulgente,
alta, serena y sola,
tan sólo vuelo
y libertad
y gozo,
rubí candente bajo el cielo puro
en la gloria silente de la luz que perdura.

Poemas de la luz y la palabra[1] *(2003)*

[1] Algunos de los poemas que forman la segunda parte de este libro, último por ahora del poeta, aparecieron en la sección final de *Obra poética completa* (Calambur, 1999), bajo el título LA PALABRA/*(Poemas inéditos).*

A mi hijo Rafael,
que tanto cariño ha puesto en este libro,
y a mi hija Concha, que lo vio crecer poema a poema.

La luz[1]

[1] La primera versión de varios poemas de esta parte se publicó en *El Extramundi y los Papeles de Iria Flavia*, XXI, 2000, págs. 87-94, con el título: «Ocho poemas de la luz» y el siguiente orden: «Claridad», «Cumbre», «Revelación», «Amanecer», «Álamos», «Llegada», «Perfección» y «Niebla».

AMANECER

La densa monarquía
de la noche
abre sus dubitantes
sépalos oscuros
y entrega lentamente
a la esperanza
los pétalos abiertos
de la luz.

LA MAÑANA

Porque tú ya venías
jubilosa de aves
derrotada la noche
ocultó sus estrellas.
Para gozarte,
amarte,
tener tu claro cuerpo
existe la alegría.

ÁLAMOS

Entre las hojas verdes
se rompe en luz
y en sombra
la mañana,
tiembla dudosa
entre los altos trinos.
Un clamor de esperanza
alzan en verdiplata
los álamos sonoros.

CLARIDAD[1]

Qué limpia la materia
en el aire desnudo
de la primera luz.
Claridad triunfadora,
plenitud de la gracia.

---

[1] Este poema aparece en una versión distinta respecto de su primera impresión en «Ocho poemas...»:

Claridad,
hermosura del mundo,
revelación del gozo,
grácil rosa del aire
abierta en mi ventana,
ala triunfal del día,
patio de primavera
al que llegan los niños.
Desnudez de la gracia.

BELLEZA

Homenaje a Juan Ramón Jiménez

Que perfección profunda
este cielo sin aves,
sin materia,
donde nada perturba la mirada
y abre la libertad
la altiva patria azul
de la belleza.

REVELACIÓN

Mientras dura la luz
habito su alegría
de encendido naranjo
en medio del invierno,
su inocente ventura
derramada en la calle.
Ella escala mis muros,
entra por mis balcones,
me busca por mi casa
como un perro dorado
y al llegar a mis ojos
me entrega la hermosura
de todo lo que espero
y lo que amo[1].

---

[1] «Ocho poemas...»:

y al llegar a mis ojos
me entrega presurosa su alegría
y la fiel hermosura
de todo lo que amo.

CUMBRE

Hermoso es el silencio
en esta cumbre
de roca oracional.
No se percibe el tránsito
del tiempo.
Inmoble y pura
la nitidez del aire
proclama la sencilla
perfección de la piedra.
Solitaria y altiva
alza la cima
su silencio verde
hacia la paz azul
donde la luz triunfa.

ESPACIO

Frente a un cielo sin nubes

Ni fronteras
ni forma
ni volumen
limitan la hermosura
del espacio.
La libertad en él
está desnuda.

LUZ DEL SUEÑO

Todo el que sueña vive
realidad intangible
—luz del sueño—
donde el tiempo no existe.
Cuando abra los ojos
—luz de la realidad—
comenzará su muerte.

NIEBLA

Era la niebla.
Llegaba desde el río
arrebatando el gozo
de la contemplación.
En el aire afligido
todo era gris ausencia,
paramera sin nadie,
territorio de olvido.
Se negaban las formas
que en la luz existieron
y el color desmayaba
su triunfo frutal.
Tan sólo la memoria
entre tanto abandono
entregaba insistente
el gozo de vivir.

PERFECCIÓN[1]

Entregando tus límites,
tu forma
es perfecta la luz.

La luz te necesita
para cumplir sus dones,
para hallar la hermosura
de tu revelación.

---

[1] En «Ocho poemas...» aparecen las estrofas en orden inverso y el poema concluye con otra de tres versos, ahora suprimida:

Si tú no estás en ella,
la luz es solamente
desnuda soledad.

LLEGADA

La luz
que abre la puerta
y me saluda
tiene tu mismo nombre,
tus zapatos,
se viste con tus blusas
amarillas,
con tus brazos abiertos
y tus guantes,
madruga en tu sonrisa
e inaugura en mis ojos
la abierta floración
de la mañana[1].

---

[1] «Ocho poemas...»: *de la alegría.*

PRESENCIA FIEL

Altas torres azules
proclamaban tu nombre,
frutos de fresco asombro
aromaban tu paso
y siempre amanecía
cuando tú me mirabas.
En todas tus palabras
cantaba la mañana.
Hasta el último instante
te tendré así en los ojos.

PLENITUD DEL PRESENTE

No. La noche no.
Nunca la negación
para los ojos.
¿Dónde el color?
¿Dónde la grácil línea
que limita la forma?

La noche es una ausencia
o un olvido.
Sólo en la luz
triunfa la presencia
de las cosas.

Claridad, terco amor,
plenitud del presente
en la gloria del día[1].

---

[1] Este nuevo poema fue publicado en *Blanco y Negro Cultural* el 4 de octubre de 2003 (pág. 14). Aunque es, por tanto, posterior al resto de *Poemas de la luz y la palabra*, se incluye aquí, en el lugar natural y definitivo que le corresponde, por voluntad del autor para que forme parte de su obra.

La palabra[1]

[1] Los poemas de esta sección anticipados como inéditos en la edición de OPC (1999) son los siguientes: «Triunfo», «Palabra efímera», «Palabra» [ahora «Exactitud»], «La luz de la palabra», «Creación», «Palabra del poema» y «Pretéritos».

Rafael Morales a comienzos del año 2004.

TRIUNFO

En el aire silente,
acogedor del vuelo,
eslabonan las sílabas
sus fugaces latidos[1],
sus trémulos instantes,
y de pronto, sonoro,
el intelecto entrega
el concepto perfecto,
el humano triunfo:
la palabra.

[1] *sus latidos fugaces* (OPC 1999).

GOZO

Es gozoso
sentir que la palabra
germina en lo profundo,
en lo recóndito
—noche oscura del verbo—
y que de pronto —súbita libertad—
aflora ya
revelación del hombre
silábica y perfecta
en medio de la luz.

PALABRA EFÍMERA

Palabra tras palabra,
sucesivos presentes
de vida presurosa.
Fugacidad del ser,
luz del instante.
Vivo si digo «flor»
o digo «beso»
el gozo fugitivo
de la palabra efímera,
viva sólo un momento
en la dicha del labio.

PALABRA ÚNICA

No. Nunca.
Jamás una palabra
se repite.
Fulgura,
se oscurece,
sufre
o canta,
única siempre
en su momento exacto.

VIDA

Escucho las palabras
que otros dicen
y leo las que entregan
a mis ojos.
Edifican mi vida,
yo por los otros soy,
por su palabra vivo.

PAPEL EN BLANCO

He aquí el papel
que en su mudez desnuda
espera la palabra
y he aquí que la palabra
con sucesivos rasgos
—silábicos latidos—
golpea en su blancura
mientras constante crea
las líneas arteriales
donde la vida
infatigable insiste.

PALABRA ESCRITA

Absoluto presente,
plenitud inmutable
del instante.
Palabra siempre viva,
donde sumiso el tiempo
deja de ser fugaz.

VIEJAS CARTAS

Miro las viejas cartas,
penetro en sus espacios
de guitarra arrojada
en el silencio.
Palabras sin su instante,
tercos renglones
donde la vida
inútilmente insiste.

SUPERACIÓN DE LA MATERIA

Palabra,
gloria de la materia
liberada de toda corrupción.
Obstinado triunfo
contra el tiempo.

PALABRA IRREPETIBLE

Plenitud del presente.
Cada palabra tiene
su instante irrepetible,
su efímera presencia
y si acaso retorna
a la gracia del labio
es ya tan sólo un triste
refugio del recuerdo.

VENCEDORA DEL TIEMPO

Digo tu nombre
y toda tú
estás en la palabra
que te nombra
exacta como eres,
como fuiste,
diversa en tu unidad
invariable.

EXACTITUD[1]

Nació perfecta,
exacta la palabra
que gime o canta
en el poema,
precisa como el ojo
del águila en la vasta
soledad luminosa
del silencio
o la estrella que vela
en la diadema altiva
de la noche.
Nadie toque
sus pétalos silábicos,
el prístino fulgor
de la belleza.

[1] En OPC (1999) se titula: PALABRA.

PALABRA DEL POEMA

Palabra del poema,
¿de qué región
de temblorosas alas,
de qué ramaje
con pájaros ocultos,
de qué patria sonora
llega tu voz
de pétalos silábicos?

¿De qué altas
materias musicales
arrancas tus relámpagos
de oro?
¿En dónde arrebataste
la fosfórica estela
que dejas en los versos,
la fúlgida guitarra
en donde vibra el mundo?

Oh palabra desnuda,
evadida del trino,
precisa
y clara
y pura,
limpia como una estrella
en la hermosura
exacta del poema.

LA LUZ DE LA PALABRA

Con su enlutada negación
la lenta noche
que insistente llega
va cubriendo de ausencia
la hermosura del mundo,
va entregando pausada
al recinto tenaz
de la memoria
las formas,
los volúmenes,
las líneas maternales
que limitan las cosas,
los colores que abren
frondosas floraciones.

Persisten sólo
en la tristeza oscura
el insumiso aroma,
la ventura que el tacto
arrebata a la sombra[1],
los sonidos que aún cantan
en el aire que ofrece
sus regiones al vuelo.

No existe ya en la noche[2]
la maravilla exacta
—color, volumen, forma—
que las cosas entregan,
la perfección concreta
que guarda la materia.
Pero en la noche oscura
aún sigue luminosa la palabra.

---

[1] *arrebató a la sombra* (OPC 1999).
[2] *No existen ya en la noche (ídem).*

CREACIÓN

De pronto,
las palabras
con que el poeta habla
a sus amigos
o las que todos dicen
en calles y oficinas
vibran de otra manera,
abren corolas,
alas,
esparcen sus jardines,
sus guitarras,
duelen,
cantan,
brillan como el torrente
o el relámpago,
precipitan su gracia
al papel expectante
y uno sabe de pronto
que aquello es un poema.

AUSENCIA

Hoy la mañana es triste
como una niña pálida
perdida en el silencio
de una calle sin nadie.
La niebla oculta lenta
en grises desamparos
la entrega de las cosas
que brindaron al mundo
sus realidades múltiples.
Todo es ausencia oscura.
Formas, líneas, colores
sólo dan su presencia
al triunfo tenaz
de la palabra.

ANTE UN POEMA DEL SIGLO XVII

Estos versos
fueron escritos con amor,
por amor.
Firmes en el papel
se obstinan contra el tiempo
en un presente invariable.
La muerte ejercitó
su tiranía
sólo sobre el amante,
pero el amor
arde aún intacto
en las viejas palabras
del poema.

PRETÉRITOS

Existieron palabras
que ya nadie pronuncia,
silábicos latidos,
floraciones sonoras
del concepto,
alas del pensamiento.
Perdida la materia
que nombraron,
perdidos los oficios,
las costumbres,
quedaron sin presente,
fueron oscuramente
arrojadas del tiempo.
Yertas en diccionarios
se poblaron de ausencias,
quedaron desangradas,
deshabitadas, solas,
muertas ya para siempre
en las desolaciones
de los viejos pretéritos.